漓江源人家

钟 毅◎著

经济日报出版社

图书在版编目（ＣＩＰ）数据

漓江源人家：兴安，一个让人记住乡愁的地方 / 钟毅著. -- 北京：经济日报出版社，2021.1
ISBN 978-7-5196-0841-5

Ⅰ．①漓… Ⅱ．①钟… Ⅲ．①村落文化－研究－兴安县 Ⅳ．①K296.74

中国版本图书馆 CIP 数据核字(2020)第271657号

漓江源人家：兴安，一个让人记住乡愁的地方

作　　者	钟　毅
责任编辑	王　含
责任校对	蒋　佳
出版发行	经济日报出版社
地　　址	北京市西城区白纸坊东街 2 号 （邮政编码：100054）
电　　话	010-63567684 （总编室）
	010-63584556 63567691（财经编辑部）
	010-63567687 （企业与企业家史编辑部）
	010-63567683（经济与管理学术编辑部）
	010-63538621 63567692（发行部）
网　　址	www.edpbook.com.cn
E－mail	edpbook@126.com
经　　销	全国新华书店
印　　刷	成都兴怡包装装潢有限公司
开　　本	787mm×1092mm　1/16
印　　张	12.25
字　　数	200千字
版　　次	2021年1月第一版
印　　次	2021年1月第一次印刷
书　　号	ISBN 978-7-5196-0841-5
定　　价	68.00元

楚城岭
滚滚漂布
潘家室
邵家室
滚滤大峡谷
猫儿山
富室村
十里大峡谷
阳雀岭
希年岭
水煌塘
周仁村
文家洞
东村
大乌石
千家寺
华江瑶族乡
灵客窗
金石乡
家田头
老屋场
五爪山
川江

山中间
G241
G241
天堂宗
白水岭
8202
克江
棕木岭
8202
南林河隧道
兴安北站
G72
上岸角山
G322
兴安县
灵渠公园
桂林乐满地
主题公园

序

兴安县政协主席　唐庆林

　　中华文明源于大河流域，大河文明是中华文明的摇篮，所以人们把黄河、长江称为中国的母亲河。地处广西壮族自治区东北部的兴安县，是湘江、漓江两条河流的发源地，连接长江、珠江两大水系的地方，自古为湘桂走廊之要冲。所以兴安这个地方，无论是从连接中原与岭南的重要地理位置来讲，还是在中华民族的历史发展长河中，都应该是不可忽视的重要节点。作为土生土长的兴安人，我热爱并眷恋这片热土，系统地挖掘整理以兴安为代表的桂北地域文化，一直是我的夙愿。到政协工作后，我与县委、政府主要领导商量并得到了县委、政府的充分肯定和大力支持。之后，我第一时间与县委宣传部沟通，召集文化界相关人士布置这项工作。同时将地域文化调研列入本届政协重点工作，把兴安全境按湘江流域和漓江流域两个片区，划重点、分阶段组织人力物力进行调研，深入挖掘整理。

　　四年多来，政协文史调研组与作者一道，足迹踏遍兴安大地，深入到各乡镇村村寨寨，通过对山山水水、人物事件、生产业态、历史遗迹等的深入挖掘，全方位展现以兴安为代表的桂北地域文化。先后完成了《桂北老家》《灵渠人家》《湘江源人家》。今年以来，又以漓江源头地区为重点进行调研。漓江是桂林山水的灵魂，是大桂林旅游皇冠上的明珠。"江作青罗带，山如碧玉簪"（唐·韩愈《送桂州严大夫同用南字》），漓江就像一条青绸绿带，盘绕在万点峰林之间，勾勒出诗情画意般的桂林山水。清澈透明的漓江水，源自华南第一峰——猫儿山。漓江源头的人家以瑶族为主，他们一直秉持绿水青水就是金山银山理念，靠山不吃山，为美丽的漓江守住了一湾清水。猫儿山也是当年中央红军长征翻越的第一座高山，陆定一的一篇《老山界》，记叙了当年红军克服重重困难，翻越猫儿山老山界的故事。红军是战斗队，也是宣传队和播种机，红军善待少数民族赢得了当地瑶民的心，红军精神在瑶乡代代传承。《漓江源人家》作者钟毅先生，为漓江源美丽的自然风光所感染，忍不住用了大量笔墨来渲染这神奇而迷人的人间仙境，但字里行间对华江瑶乡那独特的民族风情和代代相传的红色记忆亦不吝倾情叙说，精彩感人。随着《漓江源人家》的出版，"记住乡愁"系列创作工作即将画上圆满句号。

2016年换届以来，本届政协以习近平新时代中国特色社会主义思想为指导，高举团结民主大旗，教育引导广大政协委员和机关干部树牢"四个意识"，坚定"四个自信"、坚决做到"两个维护"，围绕县委、政府提出的"三个兴安"特别是文化兴安建设，凝心聚力，主动作为，精心策划的"兴安，一个让人记住乡愁的地方"系列地域文化调研工作结出了硕果。兴安，被誉为两次改写中国历史的地方，历史文化厚重，红色文化源远流长。两千多年前秦始皇开凿的灵渠，是世界灌溉工程遗产，宣传、保护、利用好灵渠，是历史赋予兴安人民的责任。县政协充分发挥团结联谊优势，经刘莉玲老师的引荐，我与县委宣传部庄慧琼同志带队，先后三次到北京面见陈维亚导演，力图通过国内顶级艺术家，为兴安灵渠打造一台实景演出，全方位向世人展示当今世界现存最古老水利工程的魅力。2017年5月，县委书记黄洪斌同志和我们一起，到北京国家大剧院再次面见陈维亚导演，并现场观摩了当时正在排练的第二届"一带一路"国际合作高峰论坛开幕式文艺晚会彩排。之后，陈维亚导演带队亲临兴安灵渠实地考察，并提出了初步设想，他在兴安期间，书记、县长陪同考察。由于种种原因这事目前暂未有果，但我相信县委、政府一定会充分利用灵渠这张靓丽的名片，引爆兴安旅游，造福兴安人民。为继承和发扬红色精神，夯实红色文化教育基础，牵头引进实力文化企业打造的红色话剧《湘江1934》永久落户红军长征突破湘江纪念馆，极大地丰富了红色文化教育内容，该剧现已成为广大游客进行红色文化教育的必看节目。

"兴安，一个让人记住乡愁的地方"系列图书的出版发行意义深远，同时，抛砖引玉，我希望社会各界有识之士、特别是兴安本土有识之士多参与这样的研究活动，为兴安的全域旅游添砖加瓦，为兴安的繁荣发展做出积极贡献。

是为序

2020年11月于兴安

目 录 // Contents

漓江源头——猫儿山

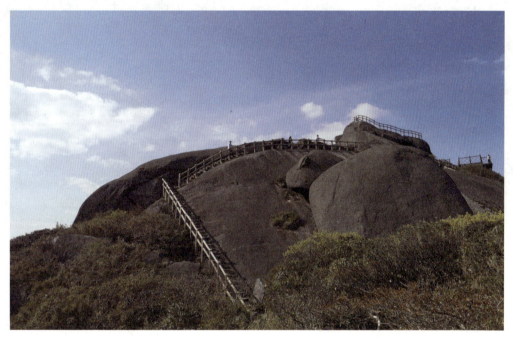

越城岭主峰猫儿山　唐际华 / 摄

　　高山上一滴水，曲折萦回，便汇成了一条美丽的漓江；大海中一片石，升降沉浮，便造就了这片奇景。

　　相比世界上许多的名山大川，漓江显得是那样的单薄、纤弱，然而，她的美丽却是无与伦比的，因为你只要见过一次漓江，便会把她永远记在心间，烙在心里。

　　看着眼前这条明净得让你想要捧起来、抱起来的漓江，汩汩地流淌在桂林奇特秀丽的群山之中，这时候，你才真正欣赏和领略到桂林山水的精妙。"分明看见青山顶，船在青山顶上行。"此情此景，你或许真的想将自己化成漓江

美丽的漓江　钟毅／摄

里的一条鱼，忘情地投进漓江的怀抱。

美丽的漓江发源于兴安县西北部的越城岭主峰猫儿山，因其峰顶形似一只俯卧的巨猫而得名。猫儿山海拔高度2141.5米，它不仅是广西第一高峰，也是华南群峰之冠，素有"五岭绝首，华南之巅"的美称。

猫儿山保护区区域面积17008.5公顷，地势呈葫芦形，中部高，四周低，向东南倾斜。中部的八角田，南部的通大坪，西部的三十六包为山间盆地，其余都是山峦连绵的峰丛地带。海拔在2000米以上的山峰有猫儿山等10座，1000米以上的有戴云山、大竹山、鸡公山等68座，被列为中国16个生物多样性热点地区和中国14个具有国际意义的陆地生物多样性关键地区之一。2000年，猫儿山被命名为"全国保护母亲河行动生态教育基地"，是目前广西唯一的"全国保护母亲河行动生态教育基地"。2004年6月被命名为全国青少年科学考察

探险基地。2005 年被命名为全国林业科普基地。

　　森林植被的原生性和自然环境的原始性是猫儿山的显著特点。猫儿山自然保护区，森林覆盖率达 96.5%，是世界最具典型特征的常绿阔叶林原生性植被保存最完好的地区之一。2011 年 7 月，猫儿山被联合国教科文组织人与生物圈计划国际协调理事会纳入世界生物圈保护区网络，这也是广西第一个森林生态系统和全国第 28 个生态系统被纳入世界生物圈保护区网络。2016 年，猫儿山景区被评为国家 4A 级景区。2017 年 12 月，猫儿山景区被评为自治区级旅游度假区。2019 年，猫儿山景区通过了自治区级中小学生研学基地的评审；同年，还通过了自治区级竹海旅游示范区的评审。

　　猫儿山属桂北天然林区，森林密布，植被繁茂。在以花岗岩、页岩和板岩为主的地质结构表层，附和着疏松、湿润的土壤，有机质含量高，矿物质营养丰富，

华南之巅　唐际华／摄

为植物的生长繁衍提供了优越的条件。被称为植物宝库的猫儿山有植物 2000 余种，其中国家保护的珍稀植物有 15 种。比如铁杉，这种几十万年前冰河期遗留下来的植物，在其他地方早已成为化石，然而在猫儿山却可看到它们生机勃勃，铁骨铮铮，成林成片。

杜鹃花，是猫儿山上又一珍奇植物。杜鹃花在别的地方大多是矮小的灌木，但在这里却长成了参天的大树。最奇特的是，长在山顶附近的一种杜鹃花，由于终年迎风斗雪，白里透红，红中带紫，故得名"心形杜鹃"，十分招人喜爱。

猫儿山更是珍稀动物的乐园，有娃娃鱼、黑熊、短尾猴、毛冠鹿、红腹角雉等野生动物 300 多种，是动植物的天然王国和名副其实的物种基因库。

猫儿山共有 10 种鸡形目鸟类，有黄腹角雉、红腹角雉、白鹇、白颈长尾雉、红腹锦鸡、雉鸡、灰胸竹鸡、勺鸡、中华鹧鸪和鹌鹑等，是广西鸡形目鸟类较多的地方。其中黄腹角雉、白颈长尾雉是国家一级保护动物。猫儿山自然保护区近些年保护工作做得比较好，因此这里的鸡形目鸟类并不太怕人。九牛塘是猫儿山最佳观"鸡"点，在这一带可以看到红腹角雉、白鹇、红腹锦鸡和灰胸竹鸡。尤其最常见到的灰胸竹鸡，它们经常从山上下来，在此觅食、饮水、散步，悠然自得，游客坐在车上路过这里时常能看见它们。

猫儿山地跨兴安、资源、龙胜三县，景区面积达266平方公里。其山势雄伟，风光绮丽，有集"泰山之雄、华山之险、庐山之幽、峨眉山之秀"于一体之称谓。猫儿山上的云景、竹景、田景、水景、山景更是奇妙无穷，美不胜收，是人们览胜、探险、猎奇、度假、避暑的绝佳去处。

从猫儿山山脚下到山顶，我们可以依次看到竹林、九牛塘、老山界、铁杉林、

铮铮傲骨的猫儿山铁杉 唐际华／摄

猫儿山高山杜鹃花　广西猫儿山原生态旅游有限公司／供图

八角田高山沼泽、深壑、山顶猫形巨石等景致。

　　猫儿山脚以竹林风光为主，沿途遍布青翠欲滴的竹林，清风掠过，竹林轻轻摇曳，发出有节奏的鸣响，就像美妙的音乐悠然飘来。

　　步移景换，不久便到了钟灵毓秀的九牛塘。九牛塘海拔1110米，处于猫儿山的半山腰。按当地老百姓说法，是因为从山顶自上而下有九条大的山脊在这里汇聚，形成了一小一大两个聚宝盆似的山间盆地，就像一处天然风水宝地，而这九条大山脊又似9条聚集在一起的大水牛，"九牛塘"因此而得名。

　　九牛塘建有杜鹃园和珍稀植物园，是观赏猫儿山杜鹃花的好去处。珍稀植物园目前集中培育和种植有猫儿山原生珍稀树20多种，有伯乐树、银杉、资源冷杉、珙桐、红豆杉等，这些都是国家一级保护珍稀名贵树种。

　　九牛塘前行不远，便是红军亭和"老山界"纪念碑，这是为纪念当年红军翻越老山界而建。

穿过一写有"曲径通幽"字样的小木门进去，眼前是一片保护完好的原始森林，在这里，云就是雾，雾就像雨，环境非常湿润，生长在树上的苔藓植物特别发达，裹满苔藓的枝条铺天盖地，盘根错节的树根犹如绿色的精灵。

在这片原始森林里，树下大多都是厚厚的落叶腐殖质，也不知沉积了多少年，这便是猫儿山最神秘、最危险的高山沼泽——八角田。八角田并不是什么"田"，而是一个由8座相对高度50米左右的浑圆状小山丘围成的山间低洼盆地，整个面积约3600亩。这片罕见的高山森林泥炭湿地，形成于冰川世纪，其间的土质全是黑色沼泽泥炭土，乃由数百上千年的枯枝落叶长期腐烂堆积并在冰冻条件下炭化而成。这种松软的黑色沼泽泥炭层，看似寻常的泥沼地，最深达处竟可达4米，浅的也有2米多深。而漓江、资江、浔江所谓的"三江"之源，便隐藏在这片平静而又深不可测的黑沼泽之下。

猫儿山高山杜鹃花　广西猫儿山原生态旅游有限公司／供图

猫儿山迎客松　钟毅／摄

　　可千万别小瞧了这片不起眼的沼泽地，据国家有关科研人员考察探测，这片神秘的高山沼泽的水源含量竟相当于 47 座 100 万立方米库容的小型水库的蓄水量。

　　除此之外，在八角田还有一蓄水面积 15 亩左右的高山湖泊，据说，新中国成立前有人曾在湖边看见过浑身长毛、直立行走的野人，因此得名野人湖。野人湖暗洞很多，现都已被树叶填满，蓄集了大量的雨水，亦是猫儿山的重要水源之一。

　　猫儿山林木茂密，高山沼泽湿地、亚高山雨林是其显著特点。在这里，成片的原始森林层峦叠翠，地下蓄水保水性能强，处处山泉相涌，加上又靠近强降雨中心地带，年降雨量 1700 ～ 2800 毫米，更是为猫儿山的地下水补给提供了充足的水源。

　　每年3月到10月为漓江的丰水期，这段时间的降雨量十分充沛，而余下的4个月便到了枯水期。在枯水期期间，漓江主要是依靠上游的水库补水保持水流通畅，除此之外，就是靠猫儿山这个"绿色水库"的自我调节，为漓江补水。

　　据科学测定，从猫儿山发源的河流有39条之多，呈树枝状分布，其特点是流程短，落差大，河床陡，流域面积小。其中，从兴安流入漓江的有乌龟江、南湾江、杉木江、洪家河、黑洞江、龙潭江、界板江、中龙江、大坪江、白岩江、漕江、岩子江、川江、产江、白竹江、大乌石江、上松江、杨柳江、小溶江等19条；流入资江的有桐木江、弄塘江、雷家河、破门垭河等4条；流入浔江的有小地河、正清河、滚水塘河、古留河、杨梅河、吊洞河、社水河、百合冲河、大竹坪河、清水江、塘洞河、毛岩河、温水江等16条。

猫儿山八角田湿地　广西猫儿山源生态旅游有限公司／供图

漓江源头野人湖　广西猫儿山原生态旅游有限公司 / 供图

三江源碑记　钟毅／摄　　　猫儿山迴龙寺　广西猫儿山原生态旅游有限公司／供图

　　有惊无险地从"八角田"中走出，终于"会当临绝顶"，抬眼望去，一个形似巨猫的身影已展现在我们面前——华南之巅猫儿山顶峰到了。

　　旧时，猫儿山顶建有迴龙寺，寺始建于唐朝贞观年间（公元627～649年）。当时，为表彰天龙功勋，保佑天下众生，朝廷出资修建。之后，因祈福灵验，名声大噪，香火鼎盛，更引来八方香客争相祈福。迴龙寺历经千载，岁月沧桑，在历史长河中不幸惨遭破坏。为重现迴龙寺昔日光彩，继续造福众生，按当地世纪老人描述的当时情形，广西猫儿山原生态旅游有限公司对迴龙寺进行了恢复性重建，并专门请来高达4.5米的"千手观音"，使迴龙寺恢复了昔日光彩。当地百姓常说："迴龙寺中一炷香，全家老小保安康。"

　　猫儿山观日，是人们恋山慕水的最佳享受。

　　猫儿山上看日出一般是5点钟左右。当你披着棉大衣来到猫头上，四周早已站满了扛着"长枪短炮"的人，人虽多但并不言语，只是各自摆弄着各自的相机器材，四周静极了，只有松涛与天上的星星作伴……渐渐地似有一阵风吹来，夜幕散去，在远处云天相连的地方，便开始泛起一片鱼白，而后又慢慢转为橙红，并逐渐扩散开来，天地间似乎有一个巨大的生命在蠕动……俄顷，旭日东升，霞光万道，云雾消退，群峰忽现，在光和影的交叠中，原先静止的山峦仿佛便有了生命，万千奇景有的如千帆竞度、百舸争流，有的横看成岭、侧望成峰，瞬息万变，目不暇接……引发人们思绪万千、浮想联翩。

骤雨初停，雾云乍现。如果运气好的话，在猫儿山顶往往还可看到难得一

气势磅礴的猫儿山日出　广西猫儿山原生态旅游有限公司／供图

漓江源 **人家**
LI JIANG YUAN REN JIA

神奇罕见的猫儿山佛光　广西猫儿山原生态旅游有限公司 / 供图

见的佛光。佛家认为，只有与佛有缘的人才能看到佛光，因为佛光是从佛的眉宇间放射出的救世之光，吉祥之光。然而随着科学的发展，人们对佛光现象已有了科学的解释，其本质是太阳自观赏者的身后，将人影投射到观赏者面前的云彩之上，云彩中的细小冰晶与水滴形成独特的圆圈形彩虹，因人影正在其中，便形成了佛光现象。而佛光的出现则要有阳光、地形和云海等众多自然因素相结合，所以佛光也就只有在猫儿山顶这种极少数具备了以上条件的地方才可欣

赏得到。

云雾亦是猫儿山最美丽的景致。一年中，猫儿山有四分之三的时间被云遮雾盖，特别是海拔 1000 ~ 2000 米地带，常形成云雾层。2月至6月为猫儿山的雨季，降雨多，湿度大，只在夏秋两季才有约 60 天左右的晴朗天气。因此，猫儿山一年四季大都云缭雾绕，如烟似霞，变幻莫测，有"一山有四季，十里不同天"之说。

猫儿山林海　钟毅／摄

猫儿山冬雪　广西猫儿山原生态旅游有限公司／供图

另外，猫儿山的四季景色在世界自然景观中也是绝无仅有的。

春天，猫儿山上的杜鹃花开了，红黄紫白，姹紫嫣红，将山头装扮得五彩缤纷，分外妖娆。

夏天，猫儿山是一片绿色的海洋，山岚起处，云飞雾腾，古木浓荫，清风拂面。这时的猫儿山不仅有迷人的奇峰、峡谷，有如海的翠竹、挺拔的铁杉、清澈的溪流，还有神秘莫测的佛光和美丽的日出。

秋天，四季这块绝妙的调色板，非常艺术化地把猫儿山打扮得色彩斑斓，缤纷耀眼。猫儿山的秋天带有很浓的喜庆气氛，黄的更黄，红的更红，一切都更有了个性。

壮观的猫儿山云海　广西猫儿山原生态旅游有限公司／供图

陆定一老山界题字碑　唐际华 / 摄　　　二战美军飞机失事人员纪念铜像　钟毅 / 摄

　　冬天，猫儿山是冰雪的世界，山峰、树梢、民舍、农田被一层洁白的冰雪盖住，显得那么的皎洁和宁静。

　　猫儿山除了雄奇俊秀、美丽绝伦之外，它在中国近代革命史上还是一座名山呢。1934 年 11 月，从江西苏区进行战略转移的中央红军进抵湘桂边境，蒋介石集中了 30 万精兵，在湘江布下了第四道封锁线，欲将中央红军全部歼灭。生死存亡之际，红军将士浴血奋战，最终以折损过半的惨重代价突破湘江封锁线，并于 12 月初翻越长征途中的第一座大山老山界北上。为此，老红军、老革命家陆定一曾写下著名篇章《老山界》。1990 年，陆定一再次登上当年红军翻越的老山界，感慨万千，挥毫题词："泰山之雄、华山之险、庐山之幽、峨眉之秀"。除此之外，广西壮族自治区党委常委、秘书长、著名书法家钟家佐及广西壮族自治区党委常委、宣传部部长黄道伟也曾分别为猫儿山留下"华南之巅"、"人间仙境"等题词。

　　抗日战争时期，美国空军飞虎队一架 B-24 轰炸机执行去台湾海峡轰炸日军军舰的任务，谁知在返航桂林时，因气候恶劣误撞猫儿山，坠入山谷机毁人亡。10 位飞虎队员的遗骨和飞机残骸直到 50 多年后才被发现。为纪念飞虎队当年帮助中国人民抗击日寇而英勇牺牲的队员，中国政府特地在铁杉林附近飞机失事地点竖立了一块纪念碑，并用中英文两种文字记载了飞机失事及寻找的经过。

　　猫儿山，这座孕育了漓江千般妩媚、万种风情的华南第一峰，它不仅兼有男人的阳刚和女人的阴柔，它还造福了桂林这一方美丽的山水，它的博大精深之美是许多名川大山所不能比拟的。

神秘瑰丽的猫儿山　广西猫儿山原生态旅游有限公司／供图

物华天宝 锦绣华江

长鼓竹韵华江民族文化广场 唐筱华 / 摄

"美丽的华江瑶乡，风吹竹林沙沙响，月上柳梢梦飞扬，山歌悠悠水荡漾，乡情好比米酒香……"

如同歌声所唱，蹚过潺潺的溪流，走过弯弯的山道，初秋的华江瑶族乡在金秋中正展开一幅广阔壮美的锦绣画卷：六峒河畔载歌载舞的瑶族同胞，金色稻田中乡亲们丰收的笑靥，和风掠过一望无际的竹林发出的沙沙声响，红色文化与美轮美奂的新农村、古韵犹存的瑶家吊脚楼与青山绿水相得益彰，独具瑶乡浓郁风情的民族集镇和雄奇壮美的猫儿山风光更是令人流连忘返……这一幕幕，正是今日兴安华江瑶族乡的一个个缩影。

美丽的华江，似一颗藏在深海中的璀璨明珠，正被人们托出大山，她那迷

美丽的六垌河 唐筱华／摄

人的魅力和耀眼的光华必将为世人所瞩目。

华江瑶族乡成立于1985年9月5日，是兴安县唯一的少数民族乡。这里居住着汉、瑶、壮、苗等民族，总人口1.8万，其中瑶族人口4739，占总人口的26.22%；华江瑶族乡先后获得过"全国民族团结进步模范单位""全国十大毛竹生产基地""中国民间文化艺术之乡""广西毛竹加工之乡""广西民族团结先进集体""广西养生养老小镇""广西民族团结进步示范乡镇"等众多荣誉称号。

华江瑶族乡地处华南第一峰——猫儿山东麓，距兴安县城42公里，东与严关镇相连，西南与溶江镇毗邻，北与资源县、龙胜各族自治县接壤。全乡总面积422.28平方公里，下辖9个行政村，98个自然村。华江瑶族乡地处漓江源头，气候温和，雨量充沛，境内河流纵横，素有"九江八河"之称。

进入华江瑶族乡境内，首先映入眼帘的是一座座苍翠欲滴的青山，一条条清澈见底的溪流。绿水青山养育了华江瑶的万般生灵，良好的生态环境和丰富的生态旅游资源，更使华江成为中外游客向往的人间仙境。

近年来，华江瑶族乡围绕"生态立乡"的发展思路，坚守"既要金山银山，更要绿水青山"的理念，以建设生态乡村为契机，深入贯彻执行《漓江流域生态环境保护条例》及相关法规，持续加大森林保护及环境综合整治力度，降低污染排放，把好保护漓江第一关，着力打造生态宜居瑶乡。目前，全乡有山林面积达 54 万多亩，森林覆盖率高达 94%。这里还是全国十大毛竹生产基地之一，有毛竹 23 万亩，年产毛竹 600 万条。

华江瑶族乡还利用着丰富的毛竹林充分发展林下经济，规模发展六垌茶、香菇、木耳、高山灵芝等土特产品，在河谷、小溪边发展冷水鱼养殖，为农民开创了一条增收的新路子。以华江高山野生茶为原料制作的六垌茶，相传，清

六垌村上的风雨桥　唐筱华 / 摄

美丽的六垌桥　唐筱华／摄

代曾为贡茶，具有很好的养生功效。如今六垌茶已成当地一大品牌和特色产业，年产值达3000多万元，形成了"千山翠竹是宝藏，林下经济谱新篇"的新格局。

　　独具特色的瑶族风情文化，是华江瑶族乡的另一张名片。这里有古老的盘王节，有精美的瑶族刺绣，还有火辣的瑶族歌舞。

　　盘王节是华江瑶族同胞纪念祖先的传统佳节，也是瑶族传统文化的集中展现。活动当天，所有的瑶族同胞都会穿上节日的盛装，腰鼓队在寨门唱山歌，敬拦路酒，喜迎嘉宾。接下来的祭祀盘王、非物质文化遗产——瑶族反面刺绣展示、打糍粑、背篓绣球、大象拔河等活动，更是向人们充分展示了瑶族文化的独特魅力。

华江瑶乡竹林　钟毅／摄

　　瑶族是个能歌善舞的民族，但凡喜事大事，都会以歌舞来庆贺。华江瑶族歌谣主要分为情歌、礼仪歌、生产生活歌、叙事歌、贺郎歌、丧歌等。这其中又以贺郎歌最具特色。贺郎歌，又称花烛诗，遍及兴安城乡，是群众为祝贺新婚夫妇所唱的赞歌，其歌词喜庆祥和，韵味浓郁，由客人轮番领唱，众人帮腔，内容分为贺郎、移花、送郎等三部分。

　　由于"贺郎歌"气氛热烈，曲调优美，雅俗共赏，既有诗的含蓄，又有歌的明快，是典型的百越民族文化与中原儒家文化融合、发展的产物，现已列为自治区非物质文化遗产名录。

　　华江瑶族文化的另一朵奇葩就是瑶舞。它有表现瑶族先民开发疆土时艰辛

林下种植的木　丘富／摄

盘王节　华江瑶族乡政府／供图

欢乐的开山舞；有喜庆丰收的长鼓舞；有展现瑶族同胞齐心协力战胜困难、在祭祀时祈求幸福团结精神的跳同舞。长鼓舞是瑶族民间歌舞的典型代表，表演时鼓手左手握住长鼓的鼓腰上下翻转，右手随之拍击，边舞边击。表演形式有四人合舞、双人对舞等。其舞姿刚健，风格淳朴。

华江瑶族的服饰美主要体现在女同胞的服饰上，精美的刺绣凝聚着她们对幸福生活的追求与向往，显现出她们灵巧的手艺与美丽善良的心灵。其中，最具特色的华江瑶族反面刺绣，已被列入自治区第三批非物质文化遗产名录。

壮丽巍峨的猫儿山造就了华江儿女坚毅、勇敢的气质，以及"会当凌绝顶"的气派和当仁不让的性情。从当年瑶族先民唱着瑶歌敲着响鼓披荆斩棘"打鼓进峒"，到后来拥戴红军勇战顽敌，历史上华江都是侠义之士层出不穷之地，关于他们的传说也在瑶乡里口口相传。

1934年12月初，中国工农红军经过最惨烈的"湘江战役"后，

温暖的瑶家火塘 钟毅 / 摄

瑶家妇女绣花忙　唐筱华／摄

中央纵队从华江同仁村的龙潭江、高寨村的杉木江、梯子岭分三路翻越老山界，一路向西至贵州遵义，成为中国革命的重要转折点。老山界也因此成为红军两万五千里长征中翻越的第一座高山。老一辈革命家陆定一的散文《老山界》，给一代又一代的中国人生动地描述了红军翻越老山界的全过程，写出了在中国共产党领导下的工农红军不怕困难、艰苦奋斗的坚强意志和革命乐观主义精神。

这其间，红军在华江瑶族乡留下了千家寺红军标语楼、朱德指挥部旧址、红军长征老山界故道、同仁红军桥、黄隘阻击战遗址、洞上村老草岭阻击战遗址、龙潭江阻击战遗址，及散落在瑶乡各自然村的红军烈士墓等大量红色遗存。

猫儿山如同一副宽厚的肩膀护佑着华江瑶族乡的繁荣发展，而勇于担当的华江人，也在极力维护猫儿山的尊严。就这样，他们在与大山的和谐共处中，

华江掠影　黄业健 / 摄

延续着一代又一代的生活。

在党的富民政策光辉照耀下，经过历届乡领导班子和全乡各族人民的共同努力，如今的华江瑶族乡各项事业都取得了辉煌的成就，瑶乡面貌也发生了巨大变化，形成了以毛竹生产加工、水电、旅游休闲养生为主的三大支柱产业。

华江瑶族乡现有竹木加工企业 105 家，产品多达 40 余种，远销日本、韩国、东南亚等国际市场，畅销北京、上海、山东、福建等国内市场。华江作为水利资源的富矿有小水电站 33 家，装机容量 4 万千瓦。

"林海翠如水，生态惠瑶乡"，这是央视赞誉华江瑶族乡生态环境优美的报道，也是瑶乡把"绿水青山"转化为"金山银山"的生动体现。近年来，华江瑶族乡为守护住一方青山绿水，保护好漓江源头的生态环境，积极转变发展思路，创造性地提出通过重点突出"三色文化"（即生态绿色、历史红色和瑶乡原色）发展理念，打造最美瑶乡，提出了"奇山秀水遍八桂，休闲康养到华江"的口号，把生态康养产业作为华江的主打产业来发展。为进一步推动生态康养产业发展，这些年华江乡还不断完善配套基础设施建设，蕴含多种瑶族文化元素的门楼，充分展现"三色文化"内涵的民族文化广场，宽阔的迎宾路和滨江大道，雄伟壮观的六峒桥，内涵丰富的民俗博览馆及标志性建筑——长鼓竹韵等，构成了一幅幅壮美的瑶乡画卷。

2017年，华江瑶族乡顺利完成了桂林市第三批新型城镇化示范乡镇建设，并荣获一等奖。2018年10月，华江瑶族乡成功获评"广西养生养老小镇"，同仁村获全国文明村，高寨村入选全区特色旅游名村及全国特色景观旅游名镇名村，军田头屯、瓦窑面屯入选"中国少数民族特色村寨"，潘家寨村入选第二批广西传统村落名录。如今的华江瑶族乡，处处盛开民族团结之花，各民族群众相亲相爱、荣辱与共、团结互助、艰苦创业，共同谱写着民族团结进步、经济繁荣发展、社会和谐稳定的新篇章。

如今，随便走进华江的一个生态新农村，你就会看到森林密布，百鸟啁啾，溪流淙淙，空气清新……如同一个个令人神往的世外桃源。

尤其是近年来，华江瑶族乡按照"生态立乡、竹业富乡、文化大乡、旅游强乡"的发展思路，大力推进"华江九寨"项目建设，即以"梁家寨"为蓝本，以"党旗领航，建最美九寨"为载体，成功打造了9个党建引领特色村寨建设的典范，形成了集民俗风情、生态休闲养生、红色旅游为一体的高品位生态旅游圈。

在红色文化方面，华江在民俗博览馆二楼开辟了红色文化讲堂，并在红军经过华江的所有重要遗址地建设了红色文化雕塑群及红色教育小广场，打造了高寨红色文化街区和红色文化教育基地等。并计划投资建设一条体验红军长征翻越老山界的红色休闲养生步道，让更多游客感受到红色文化的魅力。

丰富的生态资源和红色历史民俗资源使华江瑶族乡的旅游方兴未艾，一到节假日，华江境内的龙潭江景区、超然派景区、十里大峡谷景区、猫儿山景区的游客便会蜂拥而至，络绎不绝。

为了使每一个游客都能获得高质量的服务，华江瑶族乡还十分重视对瑶族传统文化的挖掘和传承，并对当地民歌、风俗、餐饮进行加工和提升，全力打造具有地域特色的"一首歌、一台戏、一桌菜"的"三个一"文化品牌，将民俗文化和旅游发展深度融合，增强文化吸引力。

生态旅游业的兴起促进了当地的餐饮业、旅馆业、民族工艺品业和特色农

美丽的山村　唐筱华／摄

业的发展，也增加了各族群众的收入，使瑶族同胞足不出户，在家门口就能吃上香喷喷的"旅游饭"。2019年，华江瑶族乡共接待中外游客35万人次，实现旅游收入3900多万元，连续多年位居全县各乡镇前列。

"天更蓝、地更绿、水更清、路更畅、村更靓"，这是具有华江瑶族乡特色的生态文明建设之路，也是华江人民的"绿色梦想"。在文明新村镇的建设过程中，

老山界红军雕塑 钟毅/摄

美丽的龙潭江 唐筱华／摄

华江瑶族乡街景 唐筱华／摄

华江始终坚持尊重自然、顺应自然、保护自然的生态文明理念，把生态文明理念全面融入建设进程，推动形成绿色低碳的生产生活方式和城市建设运营模式。通过加大治脏、治乱、治本力度，加强洁化、美化、绿化、亮化、规范化的"五化"建设，集镇功能明显提升，城乡环境面貌明显改善，形成了"城在画中、村在林中、房在绿中，人在景中"的新景观。

历尽天华成此景，人间万事出艰辛。时光流转光阴轮回，看似弹指一挥间，然而勤劳智慧的华江人，却用满腔激情描绘了瑶乡的独特魅力，构筑了天蓝、地绿、水清、物丰、人和的理想家园和美好未来，让古老的华江瑶乡再次焕发出了勃勃生机和美丽容颜。

高寨小记

高寨俯瞰　黄业健／摄

　　太阳从猫儿山顶射向高寨，约莫是北京时间 6 点 20 分左右。吊脚楼的西窗里还躲着隔宿的夜，但已经能够分辨出杂货店资源老板娘潘嫂在梳头匀面的身影了。

　　鸡啼三匝，南坡上那栋四层楼的旅店门前，又响起了兴安美女导游小蒋招呼客人上车的声音。

　　见了这情景，人们便知道：高寨醒了。

　　高寨扼守着猫儿山的入口，每日里不论公车、私车，到了这儿都得换乘上

漓江源 人家

LI JIANG YUAN REN JIA

高寨一角　唐际华／摄

　　山的专用车，大有"武官下马，文官下轿"的意思。于是高寨便成了当地著名的旅游集散地，成了猫儿山名副其实的第一村。

　　从高寨过去，翻过猫儿山便是资源县五排河境地，高寨不少人家的婆娘都来自那儿。闲适的日子，资源婆姨和兴安婆姨便会聚拢一起，聊些山里、山外的话题。本地婆姨总爱将资源那边说成山里，而资源婆姨又常将兴安这边称为山里，暗喻自个儿嫁亏了。婆姨们就这么初一、十五，有事无事地纠结着，任谁也说服不了谁。有时说到气头上，便有人不打招呼，径自低了头气鼓鼓地去。但过得几日，再见面时，相互间则又似许久不见的亲姐妹。

笔者第一次邂逅高寨，是在30年前一个过大年的日子。年初二，兴安的朋友盛久永突然打电话相邀，说猫儿山下雪了，而且是场罕见的大雪。

终于下雪了，这是一场南方人盼了许久的雪。起初，那米粒似的雪打在瓦背上溅出一片声响，好听极了。渐渐地，那声音没了，天空中开始漂着无数洁白的花儿，那花儿挂在枝上，那枝干便变粗了，那花儿落在地上，地上便变白了，于是远和近便消失在一片无声的洁白中。

我们赶到时，棉絮状的雪花还在猫儿山的半空中潇潇洒洒地飘着，这场久违了的大雪，已将猫儿山装扮成了一个银装素裹、玉树琼花的冰雪世界，除了好看，就只能用震撼来形容了。

记得当晚我们一行人从山上摄影转来，就曾借宿于高寨小学的教师宿舍。

光阴荏苒，物是人非。如今的高寨村已成了猫儿山下最热闹的地方，虽然全村只有50多户，190余人，但家家的楼房都沿街而建，鳞次栉比的宾馆、饭店、旅社、超市、土特产专营店，早将高寨装扮成了一个新兴的亮丽小镇。

随着城市的休闲观光热漫延至农村，近年来，高寨村也掀起了一股开办农家乐的热潮。据村委会主任潘奇全介绍，如今高寨村委已有农家乐52家，其中二星级农家乐12家，三星级农家乐2家，四星级农家乐2家。除此之外，外地商家更看好的则是高寨村地处猫儿山脚下所拥有的得天独厚的旅游资源。随着超然派度假山庄、猫儿山生态旅游度假山庄、丰泽谷度假山庄、依山伴水山庄等一批总投资超10亿元的大型旅游项目的先后落户，高寨村已荣幸地入选全国第三批特色景观旅游名镇名村。

高寨村委下辖10个自然村，我们之前采访过的潘家寨、梁家寨、塘坊边便是下属的自然村。

高寨自然村以李、粟、樊三大姓为主。姓李的是嘉庆年间从湖南过来的，至今已传8代人。姓粟的则是先从江西迁徙至湖南，再迁至兴安，原姓苏，后

高寨小景　唐际华／摄

改姓粟。据说这两姓人家都是当年打鼓进峒时进山来的。

　　相对李、粟两姓，樊姓人家虽然也来自湖南，但他们到高寨的时间要晚了近百年。年已67岁的樊开凤，在高寨街上开了家农家乐，专营竹林土鸡。说起自家的土鸡，老人就来了劲："我们家的鸡平时就放养在竹林中，晚上也不回屋进笼，睡树上。这些鸡平时运动量大，肌肉结实，有弹性。另外，竹林鸡的食物来源也十分丰富，多以虫子、青草、嫩叶为食，鸡肉更加鲜美，因此每天都会有不少城里人专门坐车来采购、品尝。"

一直以为大山造就了山里人缄默的性情，不善言辞，处乱不惊。然而老樊的一番言辞，却早已颠覆了我对山里人的印象。

　　闲谈中，老人还告诉我，他们寨子之所以叫高寨，是因为过去为了防土匪，寨子里的房屋原先都建在一个高出地面10多米的"高台"上，四周有高高的寨墙。但那地方属火地，寨子里的房子经常会无缘无故地着火，而台地上又缺水，着火了只能眼睁睁地看着烧。新中国成立后，土匪没了，寨子里的人也就陆陆续续从"高台"上搬了下来。

　　时光流转，沧海桑田，如今高寨老村的"高台"上已没有了房屋，有的只是一片片绿油油的红薯地。

　　"过去我们这儿很穷的，村里穷得连个地主都没得。"不知是夸张还是自嘲，老樊说完，竟忍不住先笑了。

平坦笔直的高寨村道　唐际华／摄

清澈见底的高寨河　钟毅／摄

　　"直到改革开放前，我们这儿都还很穷。老百姓的收入主要靠上山伐树、砍竹子，种苞谷，种红薯。而且，山里不通公路，山里出产的东西出不去，山外的物品又进不来。通往村子的路还是1972年国家为在猫儿山顶修建239电视差转台时才修的。"

　　樊老汉吸了一口烟，咳嗽一声才又接着说："过去我们山里的木头、竹子全都靠春天发大水时才能往外运。而放排又是要技术更要体力的危险活儿。放排时，先得将木头、竹子在岸边扎成排，等春天涨水时才放得下去。第一天到水埠塘，第二天到司门前，第三天才到得溶江。碰到没人买，放排人还得住在排上等，直到将排子卖了，换得钱到镇上买了日用品和盐才能转回。"

　　穷归穷，但高寨人却很长寿。据樊老汉说，寨上的王英华老人已经103岁了。老人年轻时见过红军，还曾经帮忙埋葬过三个牺牲的小红军。老人如今身子骨还算硬朗，很少吃药打针，一般的头痛脑热，喝点油茶就好。

　　对于客人、朋友，高寨人是十分热情的。客人进屋，主人家先安排在火塘边坐了，而后端上一碗姜糖水，谓之开胃茶。喝了开胃茶，第一道油茶就端上来了，它由六垌茶与生姜、葱花捣制而成，再加些刚炸好的米花、玉米、花生、芫荽等配料，一碗香喷喷的油茶便成了。在瑶家喝油茶，客人起码要喝两碗以上，客人喝得越多，主家就越高兴。

大多的时候，高寨人的日子就这么不紧不慢地过得有滋有味。

沉甸甸的谷穗割下来，带着秋阳，不用走几步路，便蒸进了隔壁的酒甑里，转过背，这又就沾进了酒壶中，喝进了山里人的喉咙里。

一架当年"吱呀"作响的水车，原封不动地在峡谷边上保留了下来，尘埃封闭了它的叶片，木轮停转了，停在那最后的时刻上。看上去，它就像一个悲伤的符号。然而，历史正是在这静止中流转，流转在这小小的一个瑶家的山寨中。

古老的水车 钟毅／摄

漓江源头第一寨——潘家寨

漓江源头第一寨　黄业健／摄

　　"三月三，油菜花开赛牡丹。"清明一到，插柳戴花就是瑶家妇人们斗艳的时候了：压在箱底红红绿绿的瑶服被翻出来了，瑶族妇女擅长刺绣，衣服的袖子上、裤脚上都绣有精美的花纹图案，再佩戴上各种各样的配饰，头巾、帽子、披肩、腰带、绑腿、耳环、手镯、排扣等，真是花枝招展、美不胜收。

　　我们是清明过后来到潘家寨的，这是一个只有 30 余户人家的小山村，寨子背靠越城岭，山上是一望无际郁郁葱葱的密林，半山腰便是漓江之源八角田。

这条名叫潘家河的溪流，似乎与20多年前我第一次见时并无太大变化：总是一副悠闲自在、荣辱不惊的样子，带着大山的纯朴，挟着泥草的芬芳，百折不挠、九曲回肠，投入漓江的怀抱。

　　记得第一次见到这条布满硕大卵石的小溪，还是30年前的一个大年初三，当时笔者带着电视台的主持人和记者来到潘家寨，打算摄制一部反映漓江源头人家过年的短纪录片。

　　改革开放才10多年，潘家寨也才刚刚走出贫困的阴影，村里还没通电，大多的人家只能在门前的水沟中放置台简易发电机，发出的电也只能点亮一盏25瓦的白炽灯。富裕些的人家安装的发电机功率相对就大些，除了照明，还可点亮台电视机。于是到了晚上，村里的男男女女就会全挤到这户人家来，堂屋坐不下了，人们就在院子站着。记得当时电视台正在热播一部叫《渴望》的电视剧，

漓江源头的潘家河　黄业健／摄

知道我们是电视台来的，村民们捎带着对我们也是十二分的热情，还没坐定，山里的大婶、嫂子就将自家打的油茶、油炸的红薯干、米花端上来了。

第一次到大山里过年，大家都很兴奋，也十分新奇。大伙尝着山里的东西都觉得好吃，而这其中最令人难忘的是瑶家妇女打的油茶和山里汉子们舂的糯米粑粑。

瑶家打油茶的茶叶十分讲究，通常选谷雨时节采摘的野生茶叶。油茶一般情况下只放油、盐、姜、蒜、茶叶，配有用油炒好的米花、花生或黄豆、玉米。刚开始将茶叶放在锅里炒会儿，再放油盐、生姜、蒜和泉水熬煮，水滚开一会儿，油茶便算煮好了，得马上用油茶隔将茶叶滤出来。第一次煮出来的油茶会淡些，略带苦味。喝完第一碗油茶后，紧接着煮第二锅，直到煮第三四遍时，油茶才好喝。于是有"一碗苦，两碗甲（涩），三碗四碗好油茶"之说。

乱石纵横的潘家河　唐际华/摄

潘家寨小景 钟 毅／摄

潘家寨采访 唐际华／摄

竹林中的漓源瀑布山庄 唐际华／摄

漓源瀑布峡谷 唐际华／摄

深山中的瀑布 唐际华／摄

深潭戏水　潘奇全／摄

然而，改革开放前，藏在深山中的潘家寨却过着守着金山银山仍填不饱肚子的日子。穷乡僻壤，不通公路，山外的人不知这儿有个美丽的村子，山寨的人更不懂山外精彩的世界。山上砍伐下来的竹木运不出去，就堆在寨子中，只有待涨水时，人们才能将竹木从潘家河放出去，到山外换些寨子里没有的食盐或日用品回来。

　　但20多年前，潘家寨的两个后生却让中国乃至世界知道了兴安有猫儿山，山下有个潘家寨。

　　1996年10月，从兴安传出了一条爆炸性新闻：在潘家寨背后的猫儿山悬崖峭壁间，两个年轻的采药人发现了一架二战时失事的飞虎队B—24重型轰炸机残骸。

　　接到信息，笔者第二天就带着桂林电视台的记者扑了过来，并采访了当事人之一的潘奇斌。

　　他告诉我们，他是与蒋军在"仙愁崖"采药时无意间发现的。当时他俩发现有机关枪、有电机、有炸弹一样的罐子，有弹壳、有轮胎、有人骨……但大部分残骸已被树干及树根纠缠在一起，部分飞机残骸被大火烧熔。在接近悬崖最高处的岩缝中，还牢牢地嵌着一支飞机发动机螺旋桨的叶片……

　　回来后，他们马上就将发现飞机残骸的事报告了政府。于是便在中美两国引起了一场轰动。

　　不过，笔者在2020年第二次到潘家寨时，潘奇斌已不在寨子里了，据其弟高寨村委主任潘奇全讲，他哥潘奇斌已去美国多年，如今在美国一家装修公司做工。

　　潘奇全说，本来他哥哥也想叫他过去帮忙的，可他舍不得这片山林，舍不得寨子里的乡亲。当时潘奇全还在资源县开竹材加工厂，2006年乡亲们选他当了高寨村委的主任，他就带着挣的钱回到了家乡，因为他早就看好了寨子后面的大峡谷和那儿的瀑布，他打算在山里搞旅游，把山外的人吸引进来。

　　听说丈夫要把好不容易挣来的钱砸进山沟沟搞旅游，妻子第一个就站出来

小溪边留下一张倩影　潘奇全／摄

潘家寨老屋 唐际华／摄

表示反对，家中的老人也骂他说："把钱投进山窝窝，就好比把钱丢进水里一样，泡泡都不会起一个。"

可潘奇全认准了的道，就是十头牛也拉不回。当年他就将自己挣来的几十万元全部投进了山里，他还给未来的景区取了个好听的名字——漓源瀑布。

经过潘奇全10多年"燕子巴窝"似的建设，如今的漓源瀑布景区已初具规模，每年都有近万人前来观光游览。

在潘奇全的陪同下，我们来到了漓源瀑布峡谷，这里是大山的深处，森茂林密，空气潮湿，雾气蒙蒙。虽是初夏，林中的空气却清新、凉爽，微风吹过，让人有股凉飕飕的感觉。沿着潘奇全历经艰辛修筑的栈道拾级而上，到处都是绿树、红花、青草、碧水、蓝天，还有那散发出泥土气味的清香。山里的清晨更是韵味无穷，虫鸣声、鸟叫声、竹涛声、水流声响成一片，如同一首交响曲，热烈而欢快，充满生机，仿佛进入春意盎然的森林公园。

河谷两岸是高耸入云的山崖，从山脚到山顶分布着苍翠茂密的原始森林。远远望去，河床中全是麻花色的巨大花岗岩，溪水穿过嶙峋怪石，或狂奔直泻，或涓涓细流，或曲折萦回奔涌向前。

在峡谷中行走约40分钟，翻过十来处山崖，爬上布满青苔的石阶，大老远就听到了前面如战鼓雷鸣般的声响，那声音里好似叠叠的浪涌上了岸边，又像一阵阵的风吹到树林——漓源瀑布终点到了！

瀑布约有20多米高，沿着峭立的岩壁飞泻而下，顿时抛洒万斛珍珠，溅起千朵银花，喷珠飞雪，壮如玉龙飞舞。阵阵微风吹过，把瀑布吹得如烟如雾。

奔流不息的潘家河／钟毅／摄

水花飘落在身上，好像下过蒙蒙细雨，在阳光的照耀下光彩夺目。瀑布下端是一潭清幽的碧水，浅滩上的流水净似白练玉珠，露出浅黄或淡绿的水底卵石。抬眼望去，周围山峦层层叠叠，深潭边树木挺拔，郁郁葱葱，深潭像似一颗银带缀着的深绿色的宝石，潭水中的蓝天、白云和山峦的倒影交汇成一幅涌动而又绝妙的山水图。

从峡谷中归来，随主家来到他家隐藏在竹林里的小木屋。它依山而建，清凉舒适，是独特的天然氧吧和天然空调，在炎热的夏天可谓一绝。不一会儿，热情的女主人已将一锅竹林中长大的土鸡煮好端了上来，更有潘家河中的小鱼干、冬笋炒腊肉、野菜清汤、蕨粑煎饼等地道的瑶乡农家菜，让每一位光临的

游客都大饱口福。

春雨中，撑一把素伞，沿着村中平坦的水泥小道一路走去，所见之处是院墙上一簇簇藤蔓的翠绿，枝叶掩巷、红杏出墙，空气中洋溢着阵阵清香。

看尽"一夕轻雷落万丝"后，便是"千里莺啼绿映红"了。如今的潘家寨已发生了翻天覆地的变化，原先低矮破旧的木瓦房已被一幢幢造型美观别致的小楼所取代。好不容易才见一间旧式的木瓦房，我们便走了进去。主人是位年近八旬的老者，名叫潘祖发，一问才知，老人竟是潘奇全的叔叔。据老人讲，他们村中七成的人都姓潘，按说应该是瑶族，因为他们的先祖就是从龙胜的金坑迁徙过来的。如今他们已经扎根潘家十一二代了。潘祖发老人还告诉我们，成立瑶族自治乡时，他们曾去找过政府，希望改回瑶族，但终因年代久远，没能遂愿。

"过过平头桥，不是瑶人也是瑶。"祖先的避难背景，让潘家寨人的生活习惯和语言在200多年里已逐渐汉化。他们的民族成分在解放后有瑶族也有汉族，但流淌在身子里的瑶家血脉，却让他们始终存有对祖先的认同，并体现在日常的生活之中。比如瑶家传统的四月八吃红米饭，嫁女时围着火塘唱"移花歌"，娶媳妇唱贺郎歌，死人唱孝歌等等，至今都还在寨子中留存了下来。

交谈中，老人还自豪地告诉我们："当年红军也来过我们潘家寨，红军是从白石头、老山口、火烧坪、庵塘坪最后到我们潘家寨的，又从我们这儿梯子岭翻过老山界去的资源。红军后卫部队还在我们高寨一带与当地民团打过一仗大的，如今，梯子岭边上就还埋有不少当年牺牲的红军烈士。"

历史远走，风云散去。走过历史的风雨沧桑，隐匿在群山中的潘家寨古村，历经岁月磨砺，尽显沧桑古朴。这里三面环山，绿水萦绕，茂林修竹把潘家寨装点得宛如一处世外桃源。而世世代代生活在这里的村民，既懂得隐于山水间辛勤劳作，在"退"中安守本分，又力行诗书传家，以一颗赤子之心，不断进取，在时代的发展当中书写着一个又一个故事，这些故事生在大山里，长在百姓家，流传在历史中。

十里大峡谷掠影

大山峡谷　黄业健／摄

　　提起猫儿山十里大峡谷，知道的人一定很多，但对于十里大峡谷属地塘坊
边村，知道的人恐怕就不多了。塘坊边自然村位于华江瑶族乡北部，属高寨村委。
全村共有住户 62 户，人口 261 人。村人以邓、潘两姓为主，也有些小姓，如赵、
雷、胡、周等。

　　邓姓人家来自全州，至今已是第十一代。邓姓人家在历史上曾出过一个名人，
且是个女流之辈。

　　话说的是邓家第二代祖公邓世德的媳妇，其本是梁家寨周姓人家的闺女，

塘坊边瑶家木楼　唐际华／摄

在塘坊边采访　唐际华／摄

但自嫁到塘坊边村后，她不仅上能孝敬公婆，下对兄弟姐妹亦是十分的友善。在其操持下，邓家的豆腐坊、烧酒坊都管理得井井有条，仅几年工夫，就为邓家挣了不少钱。

邓家有钱了，但在邓家媳妇的管控下，邓家上下却始终保持着勤俭持家的良好家风。就这样省吃俭用数十年，邓家媳妇也从一个小姑娘变成了耄耋老妪，但此时邓家也已成了猫儿山下方圆几十里内数一数二的富裕人家。

不过，当时邓家究竟有多少钱，谁也说不清。只是听村人说，他家的钱多到都要用谷垫来晒的程度。于是，当地人就给老太太取了个"银子婆婆"的雅号。

不过，自这"银子婆婆"过世后，邓家的银子竟一下子就不知所踪了。有人说：银子已随"银子婆婆"埋进了她的坟里。为此，从古至今"银子婆婆"的坟已不知被掘过多少回了。最后竟弄得"银子婆婆"的后人没招了，干脆就在"银子婆婆"坟前立了个"此地无银三百两"的牌子。当然，这恐怕只是村人闲暇之余的笑谈，但也说明"银子婆婆"的后人还真让哪些个盗墓贼给弄烦了。

另外，也有人说："银子婆婆"的银子就埋在十里大峡谷中的某个地方，而这大峡谷就在塘坊边村背后。这里四周重峦叠嶂，竹林遍野；村西边一条小溪穿过翠绿的竹林，形成了蜿蜒曲折十余里的峡谷。峡谷的自然环境幽雅，风光秀丽，气候宜人。古木参天，怪石嶙峋，绿水幽幽。其中大龙潭、小龙潭和翠竹园等风景点更是令游玩者惊叹不已，流连忘返。如今，塘坊边依托自己独特的自然条件和浓郁的民俗风情，借"势"建村，终将峡谷打造成了一个集观光、休闲、度假于一体的著名景点。

十里大峡谷，早称为杉木江大峡谷，为漓江的正源。这里山高谷深，溪水落差很大。在自然保护区内，短短6公里的距离，海拔就从2000米降至500米，这其间形成一系列千姿百态的瀑布群。峡谷间悬泉高挂，银瀑如练，更有湍流、石滩、碧潭、迭水幽涧相伴，或静静流淌，或哗哗欢歌，或隆隆高唱，水景动静相连，声色并茂。

走进十里大峡谷，云海、流泉、飞瀑，直让人惊叹美不胜收，十里竹海，

峡谷中的深潭 唐际华／摄

　　更是壮观异常。且峡谷里鱼多肥美，品种繁多，体形特性各异，嬉戏于淡绿色的水面下，映衬在灿烂的阳光中，五彩斑斓，目不暇接。峡谷内的空气含有丰富的负离子，是天然的大氧吧。同时，这里也是国家二级保护动物娃娃鱼生长的地方。

　　祈福亭 相传，仙女们在凤潭沐浴之后，便会来到这里摆上鲜果和美酒，载歌载舞。阳光从林荫中漏下来，把水雾染成了七彩，把瀑布映得粉红，仙女们轻舒广袖，漫卷长裙，悠笛穿林，欢歌笑语。凤凰听到美妙的音乐声，也被吸引来了，围绕着仙女们翩翩起舞。于是后人便把这里叫作"凤歌亭"，现在也叫作"祈福亭"。

仙女池 相传此潭是七仙女洗澡的地方。多少年来，华江四大瑶寨即猫儿山、鸭婆山、石狗头山、鸡公岭山的瑶族少女们，在年满16岁那一年，都要来此潭洗澡、沐浴、洁身，然后才回村寨举行成人仪式。

翠竹园 这里是竹的世界，游人至此就似在竹海中神游。郑板桥先生就曾说："宁可食无肉，不可居无竹。"在苍翠宜人的竹海中漫步，在领略了竹子的刚直、清高的同时，更体会到了人生的真谛。难怪古人将竹子喻为君子，真所谓"未曾出土先有节，即使凌云也虚心"。

品茗苑 在中国的文学宝典《红楼梦》中，贾宝玉曾为林黛玉的潇湘馆题过这样一联：宝鼎茶闲烟尚绿，幽窗棋罢指犹凉。此联说烹茶鼎炉绿烟袅袅，在

十里大峡谷中的竹林　钟毅／摄

窗下下着棋指头生凉，使人"便于置身于森林万竿之中"。在如此幽静的竹林里闲坐，品味具有深刻的精神内涵的中国传统茶道，可以说是别有一番滋味。

观泉台 春、夏时节在此可以听到滚滚而来的浪涛声，或如雷鸣，或如锣鼓，或似琴鸣，或似羌笛，或如深潭龙吟，轰鸣声不绝于耳。站在观泉台，不但一切疲劳一扫而空，而且更为这自然奇观赞叹不已，增加一份对中国魂、民族情的体验。

八戒潭 峡谷中瀑多潭幽，峰回路转，怪石嶙峋，却见银练处处，好一派动

峡谷中的"果冻"水 唐际华/摄

观泉台 唐际华／摄

态水景。这个潭从上往下俯视，犹如一个中国传说中的聚宝盆。当地人每当遇到困难或有愿望想达成时，都会来此潭洗澡、许愿，困难总是迎刃而解，愿望总能实现。故来这里许愿的人总是络绎不绝。

　　九天飞泉　远远地，一道晶莹的瀑布如彩绸从左侧山上的绿叶中飘然而下——这便是九天飞泉。整个飞泉落差达到112.5米。由瀑流沿山谷裂隙冲蚀、

深山瀑布　唐际华／摄

崩塌形成，造就了一个天然地质奇观。盛水期飞流直下，如天马奔腾，惊天动地；枯水时清流潺潺，声韵清脆，胜过一曲高山流水。而到了冬天，又是一番瀑布水凝，生成千千万万、大大小小、姿态各异的冰柱，犹如鬼斧神工造化的玉雕。眼前湍急飞腾的水雾，在阳光下气象万千，显示出祖国山河的粗犷雄伟，壮丽浩淼。

　　龙潭　相传美丽善良的九天玄女，因羡慕人间的美好生活，悄悄下凡到云烟缭绕的龙潭沐浴。玉帝闻之大怒，遣天神捉她回宫，并将因爱慕九天玄女而守候在潭边的龙子变为化石。而九天玄女洒落的泪珠，便化作今天在缤纷云彩间飞泻而下的九天飞泉，垂挂至今。

与九天飞泉相连的龙潭深不可测，是峡谷最深的潭。银花飞舞的瀑布宽约10米，落水高度10米，飞珠溅玉，云雾袅袅。这里有天然的梯形跳台，分级而

清澈的龙潭　唐际华／摄

峡谷清流　唐际华／摄

上。跳水爱好者和挑战自我的游客可以在这里尽情地挥洒和释放自己的潜能。这是对自然、对生命感悟的全新诠释。

犀牛背　相传，这里曾虎豹成群，洪水也成灾，毁坏下游的田地。一只犀牛见此情景，顿生正义之感，赶走了虎豹，用自己的身体挡住洪水，化成这座石山。这种永恒的雕塑昭示着它的清白和献身的品性。

峡谷归来，虽然没发现什么"银子婆婆"的埋银之地，但绝对不失为一次美的享受。

（此文部分内容由广西猫儿山原生态旅游公司供稿）

夜宿梁家寨

美丽的梁家寨　钟毅／摄

有一种惬意是在雨夜里邀三五好友，坐于空旷的凉亭下，头顶燃一盏泛黄的白炽灯，四周是淅淅沥沥的雨，然后喝酒、聊天、谈风月……

当然，酒得是白酒，因为只有白酒才经得起慢慢地品鉴，才能抵御雨夜的湿寒，才能打发无聊的长夜。

从漓源瀑布出来，我们径直就进了梁家寨。见我们一行人全身湿漉漉的到来，主家高寨村的支书潘金生赶忙帮我们煮好了一壶土酒。为了驱寒，他还特意在酒中放了些生姜、红枣、枸杞什么的。

待我等洗好澡，换了套干爽的衣裳出来，潘书记早已帮我们在溪边的亭子里摆好了一桌丰盛的晚餐了。泉水煮鱼、腊肉炒甜竹、油炸花生米、素炒野茼蒿……面对一桌诱人的美食，人们禁不住发出"啧、啧"的赞叹。眼下的食材皆出自本地农家，腊肉是自家杀的土猪腊制的，小笋、野茼蒿是我们在潘家寨采访时，高寨村委主任潘奇全抽空帮采摘的，只有那鱼是从外面买来的。但据潘书记说，这鱼也是在梁家寨溪水中养了半年之久的"瘦身鱼"。之所以叫"瘦

小桥流水人家 钟毅/摄

美丽的梁家寨 钟毅/摄

夕阳下的山寨 唐际华／摄

身鱼"，是因为这些鱼都是他半年或一年前，从市场上买回来放养于溪水中的，
而这期间他基本不再投食，鱼只能靠溪水里少量的浮游生物或漂来的杂草为生。
半年下来，这些原本买来时五六斤的大胖鱼，上餐桌时也就瘦得只剩下三四斤了，
鱼身上的毒素自然都排除得差不多了，肉也更紧实鲜美了。

不过，更令人食之难忘的却是潘支书炒的那一大盘小笋腊肉。

瑶家的腊肉大多经烟熏火燎，颜色红中带黑，光鲜透亮，令人垂涎三尺。
细细品尝，脆生生的，肥而不腻，风味独具，可谓精品佳肴。

另外，腊肉还是华江瑶族人家逢年过节必不可少的一道大菜。过年时，家
家都会杀年猪，而且会比谁的年猪大，赛谁家的猪肉多。瑶家杀好年猪后，把
猪肉分块，用高度白酒、酱油、五香粉、生姜拌和，浸泡两至三个晚上，然后
晾晒，晒干后还要挂在灶台上烟熏火燎。有的一挂就是多年，陈年腊肉，香味

更浓郁。

　　腊肉的烹制亦十分地简单，客人来了，主人家便取下腊肉，除去烟灰，用热水洗净，切片，放锅中用适量的水煮10～15分钟，待煮干锅中水后，烩入辣椒、蒜、鲜笋与腊肉一同翻炒。不一会儿，一盘油亮透明的腊肉便上桌了。如果再加上农家自制土酒相伴，定会让你吃了还想吃，直至一醉方休。

　　言谈间，潘支书帮我们煮的一壶酒已经底朝天了。原来看似不善言辞的潘支书，也在酒精的作用下打开了话匣："我们华江、川江一带的瑶民都是当年'打鼓进峒'过来的……明永乐十四年（1417），掌管兴安县溶江、六峒、川江等地的地方官员杨进保押着各种粮食到兴安县城交纳皇粮，因欠交而被处死。其

梁家寨俯瞰　黄业健／摄

寨中的红军墙画卷　钟毅／摄

子杨通广、杨通旺二人对县府官员切齿痛恨，发誓与朝廷不共戴天，决心为父报仇。于是召集一百多乡民，奔赴兴安县城，以耍狮子舞龙灯为掩护，将县官杀死。皇上震怒，派兵前来镇压，将六峒、川江将等地的人们全数洗杀，致六峒、川江等地抛荒48年。

明正德十一年（1516），我们潘姓先祖与梁、袁、侯、陈、马、陆、睦、杨、阳十姓瑶民联合请旨，打鼓进峒，插标为记，开荒立业。"

梁家寨的先祖就这样背井离乡，辗转迁徙，来到猫儿山下这个偏僻的深山定居。凭借着自身的聪明才智和永不言败的拼搏精神，硬是把一块昔日人迹罕至的山林变成了清溪绕村、古厝连绵、如诗如画的桃源胜景。

潘支书还告诉我们，猫儿山脚下的寨子都不大，如梁家寨也就只有20来户人家，不到90人。梁家寨原本与青殿、东岭为一个自然村，后来才分开成为三个独立的小村。如今三个村的田地也都还相互交叉着，你中有我，我中有你。

梁家寨不仅依山傍水、环境清新雅致，还有一段与红军长征有关的故事。1934年12月6日、7日，红八军团一部经过惨烈的湘江战役之后，经梁家寨、潘家村，从梯子岭上到白石头、老山口、火烧坪、庵塘坪，再经越城岭主峰猫儿山北翻越老山界。次日，后卫部队在这一带与当地民团发生激烈的枪战，留下了当地瑶民护送红军翻越老山界的佳话。今天，梁家寨村民为纪念当年红军长征途径梁家寨翻越老山界的壮举，在一些民房墙上还绘制了一幅幅巨型画卷，讲述红军当年的故事，更好地传承弘扬长征精神。

潘支书说，梁家寨新村是2018年10月开始打造的，按照生态绿色、历史红色、瑶乡原色"三色"文化发展思路，新村建设以旧房改造和穿衣戴帽环境整治为主。除了环境整治，寨子还改造了13栋民房，其中7栋变成了极具瑶乡风格的民宿

梁家寨新村牌楼　唐际华／摄

梁家寨民宿旅店　钟毅／摄

小溪潺潺　钟毅／摄

式旅店。2019 年 8 月 25 日，焕然一新的梁家寨举办了隆重的开寨仪式。在寨门口，当地瑶族同胞身着节日盛装，迎接远道而来的客人。寨内的农耕展示、瑶族歌舞表演、非物质文化遗产华江瑶族刺绣等，让游客领略到了瑶族文化的魅力。现场还举行了六垌茶品尝、打糍粑等活动，让游客品尝特色地方美食。如今，寨子每年接待前来游玩、食宿的游客已达上万人。

谈到往事，潘支书告诉我们，早些年他在寨子里曾办过一家以竹子为原料的造纸厂，后来为环保关了。2019 年，他用自家的房子开起了村里的第一家民宿酒店。平常日子，他除了村委会的工作，主要就负责在店里帮着给客人炒菜，儿子负责采买，老婆和儿媳则负责财务和打扫房间卫生的工作。由于经常下厨操练，如今他的厨艺已大有长进，以致村委会开会小聚都由他掌勺。

言谈间，雨不知何时已经停了。"……星子照湿地，大雨不歇气。明天，应该还有大雨下啊……"

酒意正酣的潘支书抬头看着天上雨过天晴露出的星星，自言自语地说。

"天下没有不散的宴席，大伙都散了吧，明天还有好几个村子要跑呢。"听到老蒋发了话，大伙这才放下碗筷，意犹未尽地朝房间走去……

杨雀岭探幽

猫儿山下的杨雀岭村　唐际华／摄

　　向往远山，这或许是每个人与生俱来的一种情节。记得笔者小时候就特别喜欢望着远处的大山发呆，因为我总是在想，远山到底有没有神仙？

　　别说，近日在华江的一处大山里，笔者还真的听到了一个关于神仙的故事呢。

　　相传，从前有个无量寿佛，打算在华江的杨雀岭附近建一座寺庙，这天，他爬到村旁的一座山头上查看地形，他站在山头上数来数去，发现只有 12 个山峰，但待他下山一数，却又变成了 13 个山峰。于是他就纳闷了：怎么在山上数是 12 个山峰，下来数却又多出一个来呢？其实，他只是没将自己刚才站着的山头算进去而已。但无量寿佛却觉得这地方十分怪异，一跺脚，道了声："罢，罢，罢！"便抽身而去，不在此处修庙了。

　　谁知，正是因他这一跺脚，却在坚硬的山石上留下个足印来。这印记跟正常人的足印一般大小，长约二十六七公分，一看便知是一个人的足印。

更神奇的是，在足印下方的溪水中，还有一块四四方方的雷劈石，整齐笔直的切口，绝非人力所为。

在一个小小的地方，竟有两处神秘的印迹，这不禁引起了我们的注意。于是调研组一行，决定去这个名叫杨雀岭村的地方看看。

杨雀岭位于华江至高寨之间，也是个三江交汇的地方，从猫儿山流下的三条溪流：乌龟江、杉木江、洪家河在这里汇合。

"三江汇合处，必有贵人出。"

传说，杨雀岭村因过去有很多阳雀而得名。阳雀鸟，大家都不陌生，其叫声婉转动听。相传，秦始皇时期，有位姓杨的女子，她的丈夫叫李贵阳，他们刚结婚不久，李贵阳就被征调北方修长城，最后累死在长城脚下。杨氏思夫心切，亲自到北方寻夫，最后才得知丈夫早已死亡。杨氏听了，当场就昏死过去，并再也没有醒来。最后，她化作了一只阳雀鸟，每年在春暖花开、大地回春时，

杨雀岭美丽的民宿山庄　钟毅／摄

她就开始鸣叫"李—贵—阳……"

杨雀岭村很小，全村只有 50 多户，240 余人。从村头到村尾不到一里路，一袋烟工夫就可一览无余。从潘家寨流出的乌龟江，从塘坊边流出的杉木江，从小猫岭经江头村流出的洪家河，在村东南侧汇合后，缓缓而去，最后在华江的雷皮洲汇入六峒河。

接待我们的老者名叫刘政雄，是杨雀岭村医。在农村，除了村干部，村医也算得上个人物，他们和城里的社区服务中心的医生一样，有什么慢性疾病或打个预防针，都得靠他们。不仅如此，村民有个头疼脑热，跌打损伤，也都得找村医。

"乔迁桂岭家声远，源衍南湖世泽长。"这是刘医生他们宗谱开篇的第一句话。刘姓乃杨雀岭的大姓，清咸丰同治年间自湖南娄底双峰县迁徙，至今已逾九代。其开枝散叶之祖叫刘明幼，其应是晚清名臣曾国藩的长辈，或有大恩于曾家之人，否则在其七十大寿时，曾国藩之弟，太学生、衔盐运使、候选六部郎中曾国潢也不会不远千里，为其送一副对联和一块匾额过来。要知道当时的交通工

杨雀岭村后的峡谷　钟毅／摄

曾国藩之弟曾国潢送的牌匾　钟毅／摄

具最快的只有马车，而乘马车从湖南娄底一路颠簸过来，少说也得十天半月的。

据刘老先生说，曾国潢送来的两块木制对联，他小时还看过，就挂在他家祖屋的大门上，联曰："气多大稀宜讲究，诗书精味学贪图"。

不知是刘老先生的记忆有误，还是对联写得太深奥，反正我们一行人始终都没弄懂这副楹联的含义。

可惜的是，当年曾国潢送来的对联，如今已不在了。就连当年曾国潢住过的很气派的房屋，也坍塌了一半。

面对祖宗留下的老屋，刘老先说，他不仅不会拆除，有条件的话，他还想将其修缮好，因为这是祖辈留下的记忆，是先人的图腾，亦是游子心中的情感坐标。

老先生还告诉我们，由于过去村子是华江通往高寨、资源车田、两水的交通要道，同时杨雀岭还是漓江源头三条江水的汇合之地，涨水时从三条江放下来的竹排、木排都得经过杨雀岭菜子塘，因此，春季也是杨雀岭一年中最热闹的时候。

放排是个弄险的活儿,水位低、风平浪静的时候,木排没法行走。涨水的时候,木排才能沿江而下。每当风高浪急、暴雨将至的时候,排工们就要作别妻儿,转身扎向江河。主航道是险象环生的地方,要是遇上狂风肆虐,甚至会危及生命。阴风怒号,浊浪排空,在波涛汹涌的江上,撑排的汉子要闯过一个个风浪,绕过一处处险滩。但为了生存,排工们只要上了排就没得选,只有一往无前。

近年,公路修到了猫儿山,竹子、木头都由汽车运出山外。然而,每逢春江水起,漓江上游的一条条溪流上,仍活跃着个别放排人矫健的身影。而杨雀岭则是他们放排路上的第一个"驿站"。入夜,汉子们将长串的竹排拴在岸边的大石上,他们则可以安心地上岸休息。翌日,天刚蒙蒙亮,他们又吆喝着继续往下漂。

小村人送走了木排,也迎来了财富。据刘老先生说,从前,村子里就开有

杨雀岭老村　钟毅／摄

山庄卫士　唐际华／摄

不少铺子，有伙铺、铁匠铺、杂货铺，还有收桐油、茶油等山货的铺子。四方财货咸聚于此，杨雀岭亦已发展成为猫儿山脚下的一方贸易要冲。

　　杨雀岭村虽小，但村子却建得十分精致。依山而建的房屋，星星点点掩映在银杏和竹林间，显得灵动而美丽。更让人惊叹的是，在这个不起眼的小山村，居然还建有篮球场和舞台。村文体活动中心建于村子中央的一处空地上，车子可直接开到边上，四周是高大的银杏、香樟，其下有灌木、花卉，地面铺有青砖和条石，各种户外健身器材、石桌、石凳点缀其间，显得灵动而和谐……

　　一群老人围坐在桂花树下的石桌前,有打牌的,看书的,讲古的,喝茶的……老人们就这样平静而安逸地生活着,守望着乡村这份最后的古老和宁静。

　　山不在高,有仙则名。或许因沾了仙气的缘故,杨雀岭村的老人都十分长寿,村里90岁以上的老人就有七八个之多。李春兰老人已是96岁高龄,不仅还能干些力所能及的家务活,而且眼不花,耳不聋,生活也能自理。

　　勤俭生富贵,懒惰出贫穷。这个富贵不但指物质的富裕,更是精神之尊贵,生命之珍贵。长寿、好学、勤俭、坚毅、安详,正是中国人讲的大富贵的标志,而这些过去是现在仍然是杨雀岭村最茂盛的庄稼。

　　拥有数百年历史的杨雀岭村,还有不少被世人传为佳话的故事。然而200年来,老村没有变,家族的信约没有变,村子的环境也没有变。时至今日,村人更希望将这份纯净能够恒久地延续下去。

水绕山环　钟毅／摄

同仁村的红色记忆

春到同仁 唐筱华／摄

老山界是我们长征中所过的第一座难走的山。但是我们走过了金沙江、大渡河、雪山、草地以后，才觉得老山界的困难，比起这些地方来，还是小得很。（摘自 陆定一《老山界》）

为了写好这篇文章，我再次翻开了陆定一的《老山界》，并找寻到这么几个关键词："广西、越城岭、雷公岩、塘坊边、瑶民"。

老山界为越城岭山脉的中段分支，为资源和兴安两县的分界，亦是中央红

衡州会馆（朱德指挥部旧址）　唐筱华／摄

军长征中翻越的第一座大山，而同仁村则是进入老山界地域的最后一个山村。

　　从华江乡政府驻地千家寺往山里去，半道上便会看到一栋气势宏伟的古建筑——衡州会馆。会馆始建于清光绪二十二年（1898），原是湖南衡阳籍的商人、务工者在这里建的同乡联谊、议事的地方。衡州会馆为砖木结构瓦房，占地面积260平方米，分上下两进，中间是天井，墙为青砖砌成，极为坚实。外墙是10余米垂直高翘厚实的封火马头山墙，显得庄重而大气。由会馆往西约1000米，便是龙塘江上的红军桥。衡州会馆前临六峒河，左靠龙塘江，后靠大山，通向千家寺的方向是一片开阔地。

　　数百年的商业浸润，使同仁村成了猫儿山脚下最热闹的地方。在公路、汽车未出现之前，占据了天时地利的同仁村，吸引了各地的移民和商人，从资源

光华铺战斗 唐筱华/摄

翻越猫儿山来的商家，要在这里出货进货；自高寨往外去的山里人，也会在此打尖歇脚，然后才往千家寺、司门前过溶江。

南来北往的湘楚客，一拨拨，一年年，铸造了同仁村人包容而坚韧的精神。同仁村的先民大多都来自湖南的两个地方——永州和衡州。永州的姓杨，衡州的姓廖，分别住上村和下村。新中国成立后，同仁村还曾一度升格为同仁乡。如今，同仁村也是猫儿山脚下较大的一个村委会，其下辖19个自然村，2096人，725户，2007年曾荣获全国文明村称号。

历史上同仁村最出名的是造纸业。同仁村山高林密，盛产竹子，这些都是造纸的好材料。同仁村造出的纸分为"火纸"和"官堆纸"。"火纸"一般只用于祭祀，清明、七月半销量最大；"官堆纸"比毛边纸略厚，旧时则用来书写公文或印书，因为都是官场上用，故称之为"官堆纸"。

据《兴安县志》载：清光绪三十二年(1906)，由官库拨银6000两，创办兴安造纸公司，厂址设于华江六峒同仁村栏杆坪，为广西较早的造纸工厂。公司雇用管理人员8人，生产工人31人，采用苏打法生产，原料用竹片、稻草、荛花等。主要设备有纸槽6个，苏打蒸煮锅2个，半机械压纸机1部。产品为时厌纸、防寒纸，月产11万张。后因产品质量差、亏损严重而倒闭。

衡州会馆内景 唐筱华／摄

伴随着造纸业而来的是越来越多的外乡人开始在同仁经商，做生意，衡州会馆也便应运而生。同仁村商贸繁荣之时，与衡州会馆一路排开的还有许多的火铺、客栈、杂货店、茶叶店，等等。

当时不仅同仁村的人在这儿买卖茶叶，就是华江乡一带的千家寺、高寨、洞上、杨雀村等地的山民也常将自家采摘的六垌茶拿来同仁交易。久而久之，同仁也就成了华江一带有名的六垌茶集散地。

自古以来，六垌河就是茶的故乡。据《兴安县志》记载：六垌茶为清代贡品茶。其茶的特点是叶子久煮不烂，茶水一周不馊。水色呈金丝黄而透明，泉水冲泡六垌茶，揭盖后，汽水上冲，缭绕而上，一屋清香。

六垌河两岸森林繁茂，修竹参天，无论春夏秋冬，整个六垌河流域终年浸淫在云山雾海之中。六垌河流域漫山遍野的野生茶树，经过数百年的云和雾的洗礼而更具野性，滋味醇厚，香气深沉而特异。而不施肥不除虫的六垌茶，那淡淡的栀子花香，滋味鲜爽，香气清高，食之更是让人回甘生津。

据当地人介绍，上乘的六垌茶应是清明前采摘的，故又称"明前茶"，为"一叶一芽""两叶一芽"。而一过谷雨，就一天一个成色了，有的是"多叶少芽"，有的是"有叶无芽"。如再过立复、小满，则是"早采三天是个宝，晚采三天就是草"了。

随着人们生活水平的提高，如今好的"明前六垌茶"已卖到上千元一斤了。

经过岁月的打磨和时间的沉淀，一碗茶汤滋养了六垌河畔的人们数百年，也浸润出他们击不倒、压不垮的韧性。

1934年12月初，中央红军长征突破湘江后，中央纵队途径华江驻扎在同仁村一带，准备翻越长征以来遇到的第一座大山"老山界"。当时朱德总司令率红军总部来到这里，将司令部设置在衡州会馆内，并在此短暂休整两天，为中央纵队翻越老山界做最后的准备工作。

1934年12月3日，中央红军第一、第二纵队，红五团主力先后由此进入如今的同仁村委龙潭江自然村地界，经大竹坪、雷公岩、百步陡翻越老山界。根

红军当年走过的龙潭江　唐筱华／摄

据历史资料记载，红三十七团曾再次奉命配合中央军委保卫团一起，作为全军团后卫阻截随后追来的桂军，在龙潭江隘口、雷公岩、老山界几个重要的地方和国民党追兵发生过激烈的战斗。直到主力全部翻越老山界，到达资源塘洞一线后，这些红军后卫部队才撤出战斗。

虽然红军当年在同仁村只待了短短的两天时间，但他们的精神，他们与当地汉、瑶民众结下的友谊却是日久弥新，代代相传的。如今，在同仁你随便找一个村民，他（她）都会给你讲出几个关于红军的故事。

小红军墓的故事

　　小红军墓就在衡州会馆对面的六峒河边。1934年12月，红军翻越老山界后不久，地主廖余德的堂弟廖先登在同仁街抓住了一个因伤掉队的小红军。当时小红军的个头比步枪高不了多少，廖先登将其抓住后，就雇来三个人将小红军拉到山上活埋了。

　　56年前的"四清"运动时，兴安县华江瑶族乡同仁村委原党支部书记李明升听到这件事后，不敢怠慢，马上向当时工作队队长庄代智做了汇报。

　　庄队长指示李明升一定要设法找到小红军的遗骨，并重新进行安葬。经过一番艰难和仔细的查访，终于在一个枫木树蔸旁，找到了当年被活埋的小红军的骸骨。遗憾的是，因头骨离地面太近，封土较少，已经腐烂掉了。后来村里买来一个较好的陶缸，将小烈士的遗骸迁埋到了离衡州会馆几步之遥的六峒河边。

　　为我们讲述这段悲惨故事的就是当年的亲历者李明升，已是90岁高龄。

同仁小红军墓　唐筱华／摄

安家同仁村的失散红军

1997 年初，获悉我们拍的短纪录片《老山界轶事》在中央电视台"东方时空""讲述老百姓的故事"征文比赛中荣获一等奖，桂林电视台专题部的同事们都高兴得跳了起来。因为它可是实现了我们三年连夺全国大奖夙愿的一个奖项啊。

遗憾的是，我们纪录片中的主人翁余才凤却没能与我们分享这份快乐，因为该片刚在中央电视台播出不久，余才凤老人就过世了。

余才凤 1920 年出生，江西兴国人，参加中国工农红军长征时才 14 岁，是一个名副其实的"红小鬼"。在短片里，余才凤坐在门前的土坡上，用苍老的声音轻声唱道："红米饭那个南瓜汤哟嘿啰嘿，拔野菜那个也当粮啰嘿啰嘿，

余才凤当年给孩子们讲红军故事　盛久永／摄

毛委员和我们在一起,天天打胜仗呀打胜仗……"那是一首广为人知的"红军歌"。只是在镜头前,桂北山区的老农余才凤,无论如何再也唱不出原汁原味的"江西民歌"的韵味。

余才凤82岁的女婿李明晨回忆,岳父余才凤生前参加过湘江战役,过老山界时与红军大部队走散,留在了华江同仁额头村。

渡江后,他发现枪上的弹夹掉了,没有弹夹枪就废了,他正准备返回去取弹夹,敌人就在河对岸打枪了,他刚跑到岸边,一眼就看见掉在路边的弹夹,赶快拾起往回一阵猛跑。就在这时,敌人的枪响了,他头上的军帽都被打飞了,由于低头猛跑,他才躲过了一劫。

有一次,岳父与其他三名战士正行走在松树下边,忽然身后传来一声巨响,他急速蹲下就地往前一滚,只觉得地面一震,感觉手臂一阵剧痛,心想这下"报销了、光荣了"。过后抬头一看,只是手臂擦掉了一大块皮,鲜血直流。他正庆幸是小伤安然无恙,却蓦然发现身后不远处的三个同志都牺牲了。看着朝夕相处的战友就这样离去,泪水一下子涌了出来,他当时牙咬得紧紧的,恨不得将敌人一把抓住撕个粉碎。

新中国成立以后,岳父作为失散红军,他每年都会被邀请去华江学校或兴安的学校里,给孩子们讲述长征时的血与火的战斗故事,很多华江人就是听着他讲述的红军故事长大的……

在同仁村,还有一位名叫刘华连的失散红军,原名刘诗泽,江西省赣县白石乡下白石村人。1934年,13岁的刘华连成了一名红军战士。随后,刘华连跟随大部队长征。部队由赣南经湖南进入广西时,首长发给他1支步枪、3发子弹和1枚手榴弹,并反复叮嘱他:这是革命的火种,只有取得革命的胜利,穷苦人才能当家做主。

刘华连的儿子陆志元回忆说:"1934年11月的一个夜晚,当父亲所在的部队到达全州脚山铺时不幸遭敌伏击,父亲因受伤而与部队失散。幸被兴安县一户好心人收留。经过治疗,他身体得以康复。伤好之后,他曾多次寻找部队,

失散老红军刘华连　盛久永／摄

但没有成功。最后辗转到了兴安县华江乡同仁村，入赘为婿。此后，父亲便定居在老山界下的这个瑶族村。但他心里一直坚守这个信念——红军一定会回来的！

1949年10月，一个令人热血沸腾的消息传到了华江乡——新中国成立了！也就在这一晚，父亲才第一次把红军的身份告诉了母亲，此后也很少再提起。"

在陆志元的印象中，20世纪60年代，当地有关部门根据刘华连不是本地人的情况进行调查时，才确定其红军身份。1999年8月，桂林晚报根据他的情况，刊发了题为《六十载未了回家梦》的新闻报道，并引起社会的广泛关注。江西那边的媒体得知情况后，立即与桂林方面联手组成了"寻亲小组"。经过半个月的努力，终于从8700多位赣县籍红军烈士名单中，找到了已定为烈士的刘华连，并且找到了老家的亲人。2000年9月，陆志元陪父亲终于回到了梦中的故乡，见到了日思夜想的亲人。

陆志元说："父亲一生老实勤恳，守着几亩田地度过了清贫的一生。就在父亲的红军身份被相关部门正式认定后不久，他因上山砍伐毛竹，一只眼睛被刺伤。按优抚规定，他可以得到医疗补贴，然而他并没有去领取。后来他因没钱医治眼伤而失明了。父亲平时十分节俭，除了每个月可领取几十元的生活补贴外，他从不向政府伸手，靠做一些手工活，把日子过得快乐充实。

2013年冬，父亲去世，享年93岁。之前他仍想着再回家乡看看，但终因年老体弱，成为遗憾。"

红军桥的故事

　　青山巍巍，碧水悠悠，一座古朴敦实的水泥桥横跨龙潭江，坐落在兴安县华江瑶族乡同仁村。桥头，一块石碑刻着"红军桥"三个字，虽经多年风雨侵蚀，字迹依然清晰。

　　这是一座见证着红军和华江瑶胞鱼水情的桥。1934年12月，中国工农红军长征经过华江，大批红军官兵曾途经此桥，往老山界进发。瑶胞得知以后，赶在红军抵达前就修好了木桥，让红军顺利通行。红军到同仁村后，因严守纪律，爱护群众而深得民心。"红军用的火把都是用山里的毛竹做的，从来不破坏我们的竹篱笆。"村里的老人回忆说。

　　路过的红军队伍仔细勘察木桥的情况，派出工兵与瑶胞一起进山砍竹，将木桥重新加固加宽。休整了2天后，红军队伍要离村进行远征了，瑶胞群众纷纷端着热茶捎上食物来到桥边，依依不舍地含泪送别。后来，为让子子孙孙永

红军桥　钟毅／摄

远记住这段历史，村里将这座桥改名为"红军桥"。

20 世纪 70 年代，为了满足汽车通行需求，当地干部职工、民兵和瑶民一起义务出工，把木桥改建为钢筋水泥桥。

旧貌换新颜的"红军桥"，如今已逐渐变成当地老百姓的致富桥。据了解，华江瑶族乡每年生产毛竹约 400 万条，其中约有 130 万条毛竹从桥上通过，销往全国各地，为瑶胞带来近 3000 万元的收入。

历史的脚步匆匆走过，如今的同仁村早已远离了战争的硝烟，恢复了往日淡泊宁静的生活。深深浅浅的村巷里，有古村人家寻常日子中的家长里短，也饱含着润物细无声的邻里温情。

绿水青山的美景，传承多年的红色文化。如今的同仁不仅吸引着四面八方的游客，也留住了古村里年轻人的脚步，他们纷纷选择在家乡建民宿，办农庄，创业打拼。

老山界陡峭葱绿的山脊和悠悠的碧水间，红军已经走过了 80 多年的时光，但关于红军的精神和传奇，却一直并将永远都会是同仁人记忆中最为津津乐道的话题。

希望的田野　唐筱华／摄

春到龙潭江

龙潭江清流　唐筱华／摄

红瑶，中国瑶族二十几个支系中人数最少的一个分支，因该族群妇女上身外衣的花纹图案以红色为主而得名。红瑶主要分布在广西龙胜各族自治县、灵川、兴安等地，全部人口约 13000 多人。

因为拍纪录片《中国红瑶》的缘故，我们得知在兴安县华江瑶族乡的大山深处，竟然也有一支红瑶。为了一探究竟，我们决定去华江看看。

车沿着漓江源头六峒河溯源而上，一路都是崇山峻岭，而新修的斧子口水库，则不时于路途中时隐时现，仿佛在与我们捉着迷藏。

水库已经蓄满水，水面平静如镜，水库两岸的山峦树木倒映其中，美不胜收。而从水库溢洪道排出的水，大有"一泻千里"之势，气势磅礴。

据资料显示：集防洪、补水、发电、灌溉等功能于一体的斧子口水库，是一个以城市防洪及漓江生态补水为主，结合发电等综合利用的水利工程，亦是国务院批准立项的《珠江流域防洪规划》中桂江重点控制性防洪工程，位于兴安县溶江镇司门前村附近的六垌河下游峡谷出口河段。水库于2011年12月21日开工建设，2018年1月17日正式下闸蓄水。水库正常蓄水位267.0米，总库容1.88亿立方米。

大山里，水是清澈的，风是香甜的，山路的蜿蜒，不宽的路径，两旁的青草，野花，树木，高高低低，错落有致。

树木发芽了，长出了嫩绿的枝条，满山遍野的野花和杜鹃花也都开了，有黄的、有粉的、有红的、有紫的……形成了五颜六色的花海。

两个多小时后，我们的车终于停在了一个名叫龙潭江村的山谷里。

龙潭江村因村边美丽的龙潭江而得名。村子很小，只有15户人家，70余人，有如古诗中描述的"一去二三里，烟村四五家"。然而龙潭江村虽小，却有两个民族——瑶族和汉族。

因了龙潭江的缘故，每到周末假日，都有许多山外的人驾着

美丽的龙潭江石拱桥　唐筱华／摄

走进龙潭江　唐筱华／摄

车，或拖家带口或呼朋唤友地前来游玩，于是，村里也便应运冒出了许多的农庄、饭馆。

接待我们的龙潭琼楼农庄老板潘儒富，瑶族，同时也是龙潭江村的村民组长，年已 53 岁。平日，潘儒富除了偶尔到同仁村委开开会，大多的日子就在家经营自己的农庄。在其精心打理下，如今龙潭琼楼农庄在桂林的游客圈中已经小有名气，但凡双休或节假日，到了吃饭的点上，他的店里总是食客满座，热闹非凡。

谈到村子的情况，潘儒富介绍说，龙潭江村只有潘、龙二姓。瑶族姓潘，来自龙胜龙脊金坑，应该是正宗的红瑶；汉族姓龙，来自湖南永州东安，比潘姓瑶族晚到龙潭江200年，目前只有3户人家，10多口人。

潘儒富说，他们瑶族在历史上是一个迁徙频繁的民族，"入山唯恐不深，入林唯恐不密"，习惯在荒无人烟的莽林中寻找落足之地。加上生产力水平低下，长期处于刀耕火种的农业时代，他们"食尽一山，则移一山"，过着迁徙不定的游耕生活。居无定所，四处漂泊，最后形成大分散、小集中的分布格局。

明永乐十四年（1417），猫儿山下六峒一带瑶民不甘官府压迫，揭竿起义，攻入县衙，杀死县太爷及一众恶衙役。朝廷闻之震怒，派大队官兵前来镇压，但瑶民却凭借地形熟悉，坚守山寨，杀死不少官兵。孰料官兵越来越多，瑶民终因寡不敌众，只好边杀边退，最后退到龙潭江边的鸡公顶上。鸡公顶山势陡峭，易守难攻，官兵见久攻不下，就干脆放火烧山。霎时，熊熊烈火借风而上，瞬间便吞没了整座大山。宁死不屈的起义瑶民，最后全部壮烈牺牲。官兵撤走

龙潭江春晓　黄业健／摄

的时候，还将沿途瑶民的茅草房一把火烧了个精光。从此，六峒一带人兽绝迹近半个世纪。

明正德十一年（1516），也就是在官兵血洗六峒48年后，潘、梁、袁、侯、陈、马、陆、睦、杨、阳等姓瑶民，决心把抛荒的地重新开垦。报过官府后，他们打着响鼓，披荆斩棘开路进山。到了山里，一边敲锣打鼓，一边唱着山歌开荒种地。

> 我们瑶家好可怜，
>
> 开荒种地在山间，
>
> 打起锣鼓闹阳春，
>
> 土地公公来保全。

龙潭江打鼓进峒、开荒立业的一世祖叫潘才居，生有二子文太、文权，迄今已传21代人。

美丽的龙潭江村 唐筱华／摄

龙潭江飞流瀑布 龙潭江景区管理处／供图

潘儒富说，虽然村子的人家来自不同的地方，但龙潭江人总是以一种包容的态度欢迎着每一个新到来的人。因为他们知道：人不是到了万般无奈、走投无路之时，谁会离开故土，离开自己的家乡。

友善邻里亲，家和万事兴。时间悄然改变着村子的面貌，但改变不了的是村人之间相互关爱、相互帮助的质朴友善。

多年来，龙潭江村瑶汉两族相互间虽不通婚，但始终严尊祖宗的教诲：和衷共济，敦亲睦族。短短百年间，他们就将一个原来只有两户人家的小地方，发展成家业兴盛、子孙昌隆的村落。

据潘儒富介绍，从前龙潭江在同仁村一带是比较贫穷的，村子小，田地也少。村人除了到村里的一家造纸厂打工外，基本没啥出路。如今为保护环境，纸厂早已关闭了。好在这些年随着乡村休闲旅游业的兴起，村人的生活才又看到了新的曙光。

吃罢午饭，潘儒富很爽快就答应带我们进龙潭江峡谷看看。

走进峡谷，山两侧因风吹日蚀、雨水冲刷，形成了许多神奇肃穆、令人叹为观止的奇景。沿着建于半山腰的栈道一路过去，沿途有门槛潭、幽谷仙境、大龙潭、小龙潭、雷公岩等30余处景点。其间还有不少忽然落下的瀑布、飞流，溅在头上、身上，惹得游人不时发出阵阵惊奇而快乐的叫喊声……

龙潭江发源于华南第一高峰猫儿山，系漓江主要源头之一。龙潭江进入峡谷后，原先散漫的水流似乎变成了一条被缚住的蛟龙，开始暴躁地在峡谷中冲撞着，激起阵阵如雪的浪花。但水质依然清纯得使人心颤，湍急的清流迅疾向前奔流，就好像翠绿的绸缎飘落在山间。这里的水晶莹剔透，水越深绿的越浓，湛蓝浅绿折射出迷人的色彩，犹如梦境中的天池。

龙潭江峡谷森林植被完好，两岸古木成林，极为阴凉，保持着最原始而迷人的风貌。峡谷中空气清新，景色迷人，水质清澈见底，翠绿透明。既有崇山峻岭，茂林修竹，又有清流激湍，相映成趣，人称桂林的"小九寨沟"，是一块尚未开发的处女地。

龙潭江栈道　唐筱华／摄

　　看到这神奇壮观的场景，着实令我们兴奋，大家纷纷掏出相机、手机，不假思索地一阵狂拍。遗憾的是，由于时间和光线都不在最佳时段，拍出的照片大多不太理想。

　　在逼仄的栈道间穿行，栈道下方就是汹涌轰鸣的江水，让人有种心悸的感觉。而且随着峡谷越走越深，有如地缝迷宫，见不到一个人影，好在只有一条道，不会迷路。峡谷四周除了流水和蝉鸣声，寂静得有些怕人，不如就地喊几嗓子壮壮胆。笔者刚一开口，其他人也跟着喊了起来，声音在空谷中往来回荡，余音不绝……

　　"当年，突破敌人四道封锁线的红军大部，就是从这儿翻越长征途中的第一座大山老山界的。如今，在老山界的入口处，还竖了一块石碑呢。"潘儒富边走边说。

　　不一会，潘儒富又有些自豪地告诉我们：早些年，他还为几个驴友当过向导，跋山涉水五六小时，最后领着他们沿着红军当年的路径，翻越老山界到达了资源县的塘垌村。

走过一道小巧玲珑的石拱桥，展现在眼前的是两个深潭，清澈见底的潭水自然形成浅水和深水两个区域，潭中已有不少游人在划艇、游泳、跳水，享受日光浴……

一泓幽深莫测的潭水，宁静清澈，如翡翠嵌在峡谷之中。热了就鞠起泉水擦一把脸，一时间身心便清凉了。这便是许多人喜欢在周末从桂林驱车近百里，来龙潭江消暑纳凉的原因所在。

龙潭江激流 唐筱华／摄

流动翡翠　龙潭江景区／供图

大龙潭飞瀑　龙潭江景区／供图

　　时值中午，头上骄阳似火，脚下步步登高，大伙都有些精疲力尽。何况一路上我们为了抢拍镜头，还要不停地跑前跑后，更是累得气喘吁吁。

　　然而，如果没有这切身的感受，又怎会从更高层次去感悟漓江峡谷的神奇和美丽呢。

　　峡谷归来，远眺小村，给人一种柳暗花明又一村之感。清净、自然、纤尘不染的龙潭江村，就静静地躺在小河、悬崖与森林之间。

　　陡峭的山势，湍急的河水，让先民们的创业变得十分艰难，但瑶家儿女们用自己坚毅的脊梁挑起一块块石板，铺就了村子的兴旺，他们用自己灵巧的双手编织的一缕缕丝线，缀出生活的美好。

　　数百年时光过去，生活在这里的瑶家人依旧保留传统的生活方式，世世代代遵循着先人的教诲，就像一本经过岁月洗礼的古书，抖落的是尘埃，留下的是珍贵。

龙潭江村农家乐山庄　唐筱华／摄

水埠塘，一份绵延了86年的牵挂

水埠塘的春天　唐筱华／摄

　　早就听说在华江的水埠塘村，有一位年近百岁的老人为红军守墓80多年的故事。这日中午，我们结束在千家寺村的采访，便打算去水埠塘村看看。

　　进入水埠塘的公路很狭窄，七弯八拐的，但路面却很平坦，路两旁长满苍翠的毛竹，竹丛边是时隐时现的鲁塘水库，车行其间，使人感受到一种山野特有的清新和舒适。

　　我们的车径直开到村头的篮球场边，村委主任邓进学和其父邓昌龙老人早就在桂花树下等着我们了。见到我们，邓主任远远就迎上来说："一早就接到了乡里的电话，说你们要来帮水埠塘村写篇文章。"

　　感谢之余，邓主任又谦虚地说："其实，我们水埠塘除了水多，竹子多，也没啥好写的。"

茂盛的竹林 唐际华 / 摄

接着，他就在桂花树下的石凳上，给我们简单地介绍了一下水埠塘村的情况："水埠塘有 7 个自然村，317 户，1016 人，其中瑶族占 70%，算是真正的瑶族村。我们水埠塘之所以取这个名字，是因从山里流出的十几条溪水都在我们这里汇合，这其中两条较大的河流，一条是高寨河，另一条则是来自猫儿山东北侧的黑龙江。两条河在水埠塘汇合后，当地人称之为集义河，集义河流出不远，最终又在华江乡政府附近与龙潭江汇合成六峒河，流入斧子口水库……

别看我们这儿如今成了鱼米之乡，过去却是很穷的，山里不通路，去一趟最近的圩场司门前都要花一整天的时间，更别说去兴安、上桂林了。从前在我们山里，好多老年妇女就连司门前都没去过。

不过，到了春夏季节，我们水埠塘可是华江一带最热闹的地方，高寨村、杨雀村、岭头村……几乎猫儿山下所有村子的竹子、木排都要先放到我们水埠塘来，而后才往六峒河、溶江河去……"

时值中午，正是太阳最大的时候，邓主任见大伙虽坐在树荫下，但仍在不停地冒汗，便起身领我们上他家去。

在邓主任家中坐定，他才抱歉地告诉我们，我们想采访的为红军烈士守墓 80 多年的赵良英老人已经 98 岁了，如今已到兴安县城跟着小女儿生活，平时已难得在村里。交谈中我们才知道，其实在水埠塘村还有不少上了年岁的老人都参与了对红军墓的守护和祭扫，邓主任的父亲邓昌龙便是其中之一。邓昌龙老人年已 88 岁，耳聪目明，身子骨也十分硬朗。提起当年红军到水埠塘的往事，他仍依稀有些印象，结合后来他陆陆续续从大人那听到的一些故事，邓昌龙老人告诉我们："当年红军分两路人马到的水埠塘，后来还有不少红军在斧子口边上的佛子岩阻击桂军，牺牲了不少人。不久红军也分两拨人离开了。一批经同仁村走龙潭江过老山界；还有一大队人马则走潘家寨、梯子岭翻越老山界到资源的两水、塘洞……当时，红军来我们这，想找一个本地人给他们带路，赵良英她父亲胆量大，就带着红军从水埠塘出发，过平头山，到千家寺，再到苍岭，翻越大风坳到达老山界……临别，红军还送了赵良英父亲一匹布，让其带回去

水埠塘新村　唐筱华／摄

村旁的集义河　唐筱华／摄

静谧的山村　唐筱华／摄

给孩子们做衣服。"

听邓昌龙老人说着红军的故事，仿佛把我们的思绪又拉回了那个烽火连天的峥嵘岁月。1934年12月初，中央红军突破湘江后，向西进入越城岭山区，途径华江水埠塘村，得到当地老百姓的大力支持。红军后卫部队在这里阻击追击的国民党桂军，部分指战员牺牲。战斗结束后，水埠塘村瑶族群众趁夜把牺牲的10名红军遗体收拢到一起就地掩埋，并在坟前立石标记。

邓昌龙接着说："……解放后，"四清"运动时，工作组与村民一道将红军墓迁移到现在的墓地，当时也只是用青石板雕刻了一块墓碑。1966年时，村里的老人带着我和夏龙元（当时的民兵营长）、雷子贵，在岸长坳又挖出两具红军遗骸来，他们是当年被敌人打散后，从岸长坳翻小路过水埠塘时被国民党打死的。……挖到烈士遗骨后，我们就用衣服包起，放入木箱，将其一并葬入了先前的红军墓中。雷子贵和夏龙元当时50多岁，原来牺牲的10个红军最初就是他们参与掩埋的。

后来，墓园后面的山坡上滚下一块大石头，把墓碑砸坏了。2013年和2019年，兴安县相关部门又分两次组织村民给红军墓重新立碑，对墓园进行修葺。而墓碑上出现的唯一的红军战士名字，也是据兴安县红色文化研究会副会长陈兴华多年前考证所得。当年村民在掩埋红军时，在一位战士的衣兜里找到一张红军证，名为"陈玉春"。这就是我们今天看到的红军墓只写了一个烈士名字的缘故。"

在邓昌龙父子的引领下，我们来到了集义河畔的红军墓前。这座埋葬着12位革命先烈的红军墓不大，周边用水泥砌筑，碑中间刻着"革命烈士永垂不朽"8个红字，边有一碑记："一九三四年红军长征经过我地。陈玉春等十二位同志为了人民的翻身解放事业而英勇就义。"除了墓碑上那颗褪了色的红色五角星，这座红军墓看起来与远处的村民墓地没什么不同。墓地坐北朝南，集义河静静地从墓前流过，中间有一条沿河的羊肠小道朝着当年红军前进的方向绵延开去。

据邓主任说："从为红军墓立碑至今，水埠塘的民众，特别是瑶族大娘赵良英及家人就成了红军墓守陵人。新中国成立后，赵良英还当过几年妇女队长，

集义河 唐筱华／摄

红军塑像 唐筱华／摄

工作之余，她依旧时常给身边的人讲述红军在水埠塘村留下的故事。在水埠塘村，村里人基本上都听过赵良英讲红军故事。早几年，年逾九旬的赵良英老人已不方便走动，她就叫孙子背着去给红军扫墓。如今，赵良英已到兴安跟小女儿生活，并把家里的这一传统交给了儿子李桂达和孙子李毅。已经是兴安县公安局湘漓派出所所长的李毅，年少时便常跟着奶奶和爷爷去祭扫红军墓，如今逢年过节回来，他也经常带着儿子与父亲一同去祭扫。其实不只是赵良英他们家，村里很多人也都自发去祭扫红军墓。

如今赵良英老人虽然已不住在村里，但每年清明，老人都还要回到水埠塘村，给她已牵挂了 80 多年的红军战士们上香、祭祀。

光阴荏苒，当年红军与瑶民的故事如今依然在华江在水埠塘流传，红军精神也在一代代地传递下去。

为红军守墓的赵良英老人一家四代　欧惠兰／摄

在我们即将结束水埠塘村采访的时候，我们看到了这样一个场景：水埠塘村的驻村第一书记，带着他的驻村工作队员，来到红军烈士墓前，献花、祭拜……

"风雨多经志弥坚，关山初度路尤长。今天我们已站在迈向全面小康的重要关口，我们一定学习红军精神，牢记革命传统，凝聚一切力量，坚定百倍信心，打起百倍的精神，决战决胜脱贫攻坚战的伟大事业！"

听到这铿锵的誓言，此时，那些红军英灵会想些什么呢？我想：告慰英灵不过是警醒后人的一种方式，只有牢记那段历史，传扬红军精神，我们眼前的这片风景，才会永远美丽。

漓江源 **人家**
LI JIANG YUAN REN JIA

水埠塘　唐筱华／摄

千家寺传奇

千家寺红军标语楼　唐筱华／摄

　　有这么一座古村，她静静地存在着，青山碧水包围着她沧桑而古老的面孔，
记录下她亘古不变的历史——她就是兴安华江瑶乡的千家寺村。

　　千家寺村因村中的古寺千家寺而得名，它与中国许许多多的古村落相类似：
村前总有一条弯弯曲曲的小河，河边依旧会长有一株虬曲遒劲、浓荫匝地的古树，
树下自会散落有一圈大大小小并被时光打磨得圆润光滑的石墩。不同的是，千
家寺村头的大树下，还塑立着一组或立或坐的雕像，他们头戴八角帽，衣衫褴褛，
但刚毅的面孔和炯炯的目光却再现了红军战士的勇敢和坚贞。

　　群雕的对面是一座古色古香的小楼，门前挂着一块"千家寺红军标语楼"
的牌子，从楼外即可看见二楼外墙一角的一条大标语"当红军有田分"。

华江红军标语楼建于清末民初，为砖木结构二层楼房，据村中老人说，寺是由附近村子千人捐钱所建，故名千家寺。但另据兴安道光年间所编县志记载："六垌、川、融综其祀之烟户而名之。"其意思就是：千家寺乃因拥有附近村子的一千户虔诚香客而得名。然而不管缘于何种说法，随着寺庙的影响增加，久而久之，寺庙所在的村子便更名为"千家寺村"，而其原名反倒被人们所遗忘了。

　　千家寺占地132平方米，建筑面积253平方米。1928年后 曾改作学堂，新中国成立后成为华江乡人民政府办公楼。1988年冬，居住在千家寺楼上的几个年轻人烧木炭烤火时，不小心失火。火虽被及时扑灭，但涂抹在墙壁上的纸筋灰却因救火时浇水，一块块地脱落下来。这时，人们忽然意外发现，脱落的墙

千家寺红军塑像　唐筱华／摄

"国民匪党"惟妙惟肖的红军标语　唐筱华／摄

　　壁上竟然露出了一幅幅用墨写的"红军是工农自己的军队""当红军有田分""打倒屠杀工农的国民党""白军是豪绅地主的军队"等标语，落款为"红军宣"。

　　此事立即反映到县里，兴安县博物馆获悉此后，马上派出专业人员前往处理。经过两天的清理，共发现红军标语20余条，其中18条较为清晰。

　　为慎重起见，当时县博物馆的专家在清理出20余幅红军标语后，便提出了暂停清理的建议，理由是：容易剥落的石灰浆已经全部清理完毕，如继续清理可能会对标语造成损伤；其次，这次是属于抢救性清理，后期的保护计划尚未落实，如果清理出来的标语不能保护好，则愧对红军、愧对后人。

　　如今，清理出的红军标语，书写工整，字迹清晰，特别是那幅由"国民匪党"四字构成的漫画——狗，画面简洁，幽默辛辣，极富艺术感染力。自治区文物管理部门得知后，对这座楼进行保护性修葺，并正式将千家寺改名为"红军标语楼"，于1992年清明前夕正式对外开放。2006年，红军标语楼被评定为国家级重点文物保护单位。

1934年12月3日至5日，中央军委一、二纵队及红一方面军三、五、八军团曾经过华江千家寺，除第一纵队外，上述部队都在千家寺进行了两天短暂休整。千家寺的红军标语便是当时写下的。

据当地老人说，红军来时，村里的人都躲到了山上，但红军并没有进到老百姓的家中，而是在千家寺这种寺庙或百姓的屋檐下过夜。红军走后，学生们回到千家寺，才发现寺里留下了大量标语，同时民众还在附近的东村等地也发现了大量红军留下的标语。大家看了千家寺的标语都感到新奇、亲切，尤其是那幅漫画，更是让人看了忍俊不禁。

后来，华江别处发现的红军标语都被敌人发现并下令销毁了，而唯有千家寺的红军标语保存了下来。这又是为什么呢？原来，大约过了一年时间，这些标语还是被敌人的一个军官发现了，遂下令销毁。谁知行事者为了图省事，并没有将标语铲除，而是直接在上面覆盖了一层纸筋灰了事。想不到就这么一番无意的操作，却为后人留下一笔宝

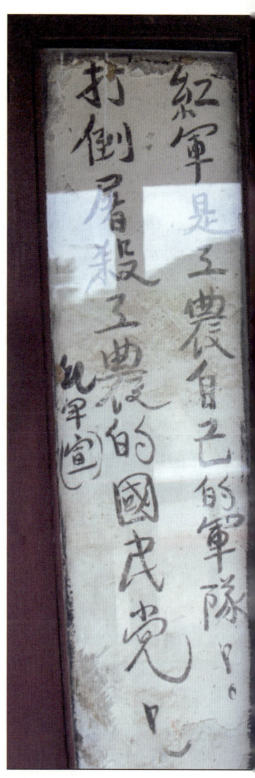

红军标语 唐筱华／摄

贵的精神财富。

据千家寺村的老人回忆，当年留在华江一带的三位失散红军邓炳彪、刘华连、余才凤就是湘江战役时留下的。

在千家寺门前，邓炳彪的儿子、年80岁的施恩慧老人告诉我们，他父亲邓炳彪是江西弋阳县人，1928年就参加了方志敏的游击队，曾是红八军团第二营第四连连长。后来，在翻越老山界爬雷公岩陡坡时不慎和战马一起摔下了山崖。最后是一位头缠蓝布进山的瑶族老大爷将他父亲从山里背了回来，就这样留在了当地。过了半年，他父亲的伤好了，就在黄隘村一个姓王的人家帮工，干了三年。一户姓施的人家看他父亲忠厚肯干，就将其招为了上门女婿。新中国成立后，成立农会时，他父亲邓炳彪还当过主席，并很快恢复了红军身份。他父亲邓炳彪1995年去世，去世前老人最大的愿望就是回江西老家弋阳生活一段时间，但遗憾的是一直没能如愿。

历史的巨人，就这样在猫儿山腹地把笔锋抖了一抖，便抖出了一座美丽的小村，并留下了许多的故事，也留下了亘古缠绵的情和爱。

新中国成立前，千家寺村还只是个小村子，全村只有200来人，其中以庄姓最多。

千家寺内景 唐筱华／摄

红军与瑶胞 唐筱华／摄

采访邓炳彪后人施恩慧 唐筱华／摄

千家寺街景　唐筱华／摄

据村中 80 岁的庄作记老人介绍：他们千家寺的庄家与溶江镇莲塘村庄姓本是一家，皆自明宣德四年（1429）从浙江龙泉迁徙而来。如今他们庄家的开基太婆就埋在千家寺村上。千家寺村虽小，但从前却十分富裕，村中有 5 户地主，附近不少村子的田地都曾是他们村的。当时村子地主的房子也是雕梁画栋，大幢大幢的，上下几进深，非常气派。

虽然千家寺村物产丰富，但直至 20 世纪 70 年代初，华江一带竟还没有一条通往山外的公路，村人去溶江的司门前赶圩，只能翻山越岭，来回要走整整一天。如想到更远些的溶江镇购置生活用品或卖山货，来回需要两天时间。

山里的竹木无法运出山，人们只好等春夏季节六垌河涨水时，通过放排的方式，将竹子顺着河流运出去。放排都是一二人将 300 根竹子扎起，杉木一次只能放百多条，排上还会顺带着捎搭些"水柴"（走水路运去的柴火）。放竹排一般在司门前住一夜，冬天水浅，45 里水路要放一天，水大一天就可到溶江

121

街上。在溶江住一夜，第二天便可将排从漓江放去桂林新码头出售。新中国成立后，国家在溶江建了火车转运站，在那便可起岸上火车，运往全国各地。

　　秋冬枯水季节时，竹子外销就成了最大的问题。为了解决竹木销售这一难题，提高竹木的价值，当年千家寺不少人家都利用竹子做原料制造成土纸出售。这不仅解决了竹木运送销售困难的问题，还节省了大量的劳力。为此，在交通极不方便的情况下，一度兴盛用竹子制造土纸，其造纸技术也较为成熟。土纸

千家寺古樟　唐筱华／摄

分为两种，一种叫"火纸"，一叠叠的，用特殊的凿子在上面凿出一排排铜钱似的孔，清明或中元节用来烧给祖先。

另一种纸叫"官堆纸"，用来写字的。土纸制作其实也十分讲究，小满之前就要将嫩竹子砍下来，用石灰水泡几个月，然后打成浆才可造纸。而且造纸的竹子一定得在小满前就砍下泡好，俗称"竹麻不吃小满水"。过了小满，竹子长老了，就不能做纸了。

除了造纸，千家寺人家另一大特产就是用竹笋制作"玉兰片"了。"玉兰片"，也就是笋干。华江一带山区竹子多，用鲜嫩的冬笋或春笋加工成一种笋衣玉兰片，其颜色或金黄，或银白，放到桌面有一股禾花鱼干的香味。由于其形状和色泽很像玉兰花的花瓣，故称"玉兰片"。每年"冬至"到次年"清明"，是采收竹笋加工"玉兰片"的最好季节。"玉兰片"的制作工艺亦十分复杂，先将竹笋挖出，去壳去蔸，切成薄片，然后放入木甑内蒸熟，再置于竹筛上用碳火烘焙，让它里外受热均匀。接着，将烘烤出来的笋子放入大桶内，以每100斤加清水30至50斤，浸泡一个小时左右取出，滤去水分。最后，放进熏磺箱内闷蒸一昼夜。经过熏烤后，色、香、味都甚佳，而且不会发霉变质。经过这几道工序，一捆捆色香味俱全的"玉兰片"便成形了。"玉兰片"又根据竹笋生长和加工季节的不同，可分为"宝尖""冬片""桃片"和"春花"四个种类，其中又以"宝尖""冬片"为最佳。

此起彼伏的吆喝声和屋前晾晒的"玉兰片"，让千家寺村充满了鲜活的气息。曾经在很长一个时期，对于千家寺村人来说，"火纸"和"玉兰片"仿佛就承载着生活的全部，无论是柴米油盐，还是褟褓里的孩子，古村的人们就这样用一片片"金黄"，拾掇起生活的吃穿用度，担负起了生活的重担，换回了幸福而悠闲的日子。

邂逅东村

六垌河晨雾　唐筱华／摄

　　邂逅华江东村是在 2020 年"五一"过后的一个清晨。下了一夜的大雨总算在天快亮时停了，天刚蒙蒙亮，便听到旅店楼道间传来了摄影发烧友"咚、咚、咚"下楼的声音……

　　"空山新雨后……今天该是个出大片的日子！"想到这，我赶紧从床上爬了起来，也顾不得洗漱，抓起相机就朝楼下冲去……

　　到得附近的风雨桥，桥上好位置早已架了不少的"长枪短炮"。太阳尚未出来，人与人之间还看得不甚清晰，相互间也就省了招呼。

　　随着气温的上升，小河上升起了一层薄薄的如轻纱般的白雾，渐渐地那雾气贴着六垌河向四周蔓延，转眼间，映入眼帘的已是漫山遍野的浅白色。一会儿，雾又开始在山间游动，像画家泼墨，使原来的山变成景，变成了一幅幅美不胜收的水墨丹青。

时值春末夏初，昨日春天的嫩草刚给河两边沙滩铺了一张柔滑的绿地毯，今日夏天的花儿就迫不及待将它装点成五彩斑斓的调色板。

阳光穿过云缝丝丝缕缕地射向大地，投在树枝上，桥顶上，小河上。雾开始散去，村庄渐渐地出现了，树出现了，竹筏出现了，华江"长鼓竹韵"广场上，又响起大妈们跳舞的音响，周边也都开始热闹起来……

六垌河风雨桥 唐筱华／摄

"大伙去东村走走吧，那儿的景色还要美呢！"不知是谁喊了一声。

东村在六峒河的东岸，据说是一个很有些历史沉淀的村子。

穿过风雨桥，不远便是东村地界。天尚未大亮，村子里还没多少人走动。好不容易，才遇到个早起散步的老人，一番寒暄过后，我们知道老人名叫龚大钊，年已 80 岁了。言谈间，我发现老人除了耳朵有些背之外，身子骨却还很硬朗，亦十分健谈。他告诉我们，他们这儿之所以叫东村，就因坐落在六峒河东岸。

闲谈间，老人已带着我们在村中逛了起来。"这里原是六峒河的一条岔河，原先两边好乱的，到处都是垃圾杂物，这几年搞新村建设才搞好的。"

见我们对着小河边的奇石、花草、新屋不停地"咔嚓"，老人脸上露出了自豪的笑容。

老人所说的岔河果然被打点得十分美丽，远处有一小桥，虽是由七截水泥管拼接而成，但是在两岸堆叠的奇石映衬下，似乎与贵州荔波的小七孔还有些许相似，十分的别致好看。

走过一座石板桥，东村的美丽就展现在人们面前了：岔河边上弯曲的小道，两旁遍植的紫薇、檵木、冬青、杜鹃，更有或红或白的月季花、金色的非洲菊点缀其间，显得灵动而富有生气。距小桥不远，有一木制的门楼似的建筑，一穿白衣的老者正在其间缓缓地打着太极拳，其松软沉稳的姿势，看之如载重之船，沉沉稳稳地荡于江河之中，既沉重而又有软弹之力……

东村确实很美：小桥、流水、花草、人家相互映衬，相得益彰……老人边走边告诉我们，如今他们村还保存有十来栋清代至民国时期的古建筑，也有些 20 世纪五六十年代建的诸如供销社类的房屋，而其中最漂亮保存最完好的就是村东南头的龚氏祠堂。

东村旧民居多为外墙用砖石、其内用杉木材料搭建隔层的结构，也有些房屋全是用木质材料搭建的，属典型的桂北山区民居。两边为厢房，中间是堂屋，堂屋即是一家人平时吃饭之处，亦是供奉祖宗香火的地方。华江农家的堂屋几乎都不设大门，任何时候、任何人都可到家中小憩、饮茶。

东村新貌　黄业健／摄

　　龚大钊老人还告诉我们，他们东村绝大多数人都姓龚，其先祖于明朝末年从江西瑞州府迁徙而来。几经周折，最后落脚于华江东村。因"耕读传家久，诗书济世长"的家族传承，东村多年来一直人才辈出，是六峒一带著名的书香、礼仪之村。仅在清代一朝，他们东村就出了两个举人，40余个文林郎、登仕郎、邑庠生、邑廪生和太学生，还有些人官至奉直大夫、知县、儒学等职。如今，东村有龚氏族人500余人，另外还有分布于华江的高田、车田、黄隘、湾塘、同仁、杨雀、高寨、千家寺等地的龚姓族人300余人。

　　言谈间，我们已走到了东村龚氏祠堂前。祠堂建在村子的东南角，三面为田地。东村的龚氏祠堂始建于清道光二十一年（1841），后因资金缺乏，祠堂虽然建成，却一直无钱装修。直到咸丰六年（1856），经过村人的募捐，祠堂才又得以动工兴建，于第二年建成。

　　100多年来，龚氏祠堂一直都是东村龚氏宗族祭祀或举行重大活动的场所。它不仅是东村最古老的建筑，它更像一个长辈，教导着一代代的东村人耕读传家及做人做事的规矩。然而20世纪50年代初，祠堂被收归公有，之后又几度易主，改作他用。神龛及祖先牌位被拆，设施毁损，祠堂面目全非。

　　痛心疾首之余，2006年和2009年，东村龚氏族人又先后两次捐款，前后历经4年，终将祠堂修缮一新。至此，一座雄伟壮观的龚氏祠堂终于展现在人们面前。

　　东村龚氏祠堂分为上、下两座，中间以天井连接，天井两旁为长廊过道，天井中种有不少花草和盆栽植物，除此之外，还散落有不少字迹模糊的古碑，以及一个古人练臂力用的石墩和一长方形石缸。走进围墙大门，首先看到的是下座旧祠堂。旧祠堂基本保持原貌，两边山墙是青砖到顶，山墙上三级翘檐昂首挺立，蔚为壮观；旧门廊的石凳、石门槛厚重朴实，与门头上的"龚氏宗祠"牌匾相映成辉。旧祠堂的抬樑立柱基本保持完好，大立柱下有精美的鼓型柱础支撑；抬樑上的花板雕有福禄字样和饰物，雕工精美，物件生动；几块旧的纪事碑和新的捐款碑分列祠堂两侧。上座祠堂供奉着龚氏先祖，两旁有对联一副：

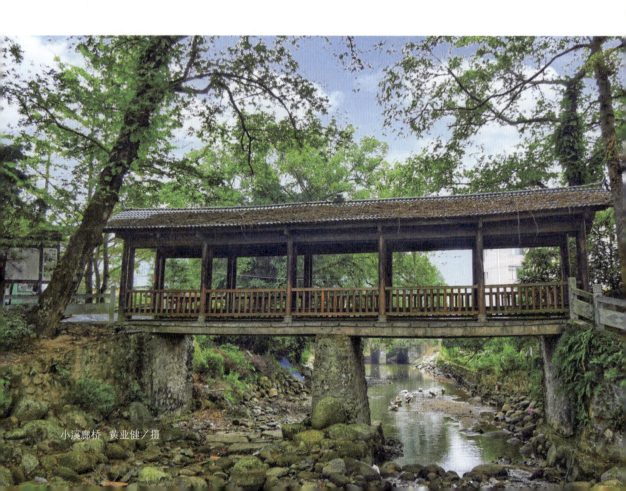

小溪廊桥 黄业健／摄

龚氏宗祠 黄业健／摄

锡山分派家风远，渤海溯源世泽长。横批：绳其祖武。

　　看罢祠堂，众人皆已散去。言谈间，龚大钊老人知笔者是来为兴安写书的，便非要邀去其家中小叙，说眼下他正在为其老祖宗的一本《听之草堂诗集》作校注，想请我去参谋参谋。

　　老人的家在村子的西北角，也就是六峒风雨桥的边上，屋为新建的西式三层楼房，十分干净宽敞。老人的书房在一楼，据老人说，退休之前他一直在兴安的界首中学当语文教师，退休后第二天他就毅然回到了老家。因为作为漓江源头的东村，这里不仅山好水好，而且还有好多的历史传承，而把它们薪火相传下去，亦是一件"为天地立心，为生民立命，为往圣继绝学，为万世开太平"的大事。

　　据龚老先生介绍，东村人杰地灵，龚氏家族历史上出过很多文化名人，如龚谦、龚谟、龚锡纬、龚锡绅、龚尚佺等，其中尤以龚锡绅最为突出。龚锡绅（1779～1851），又名国襦，号黼堂，华江东村先贤，兴安县文化名人。其一生勤奋好学，为善不倦，弱冠之年便成为县学增广生员，翌年，取得嘉庆庚午科副贡资格，旋为迁江县儒学。其好古文，善诗词，常年手不释卷。尤工于诗词，有《听之草堂诗集》一部传世。龚锡绅晚年热心公益，见杨雀村某地毁林烧炭，破坏水源环境，遂呈文县府，引起当局重视，并刻石勒碑明令禁止。他还全力支持其兄龚桥斋续修家谱，云："夫家有谱，州有志、国有史，其义一也。"又力主修建宗祠，并亲自筹款、督工。在其感召下，东村龚氏族人同心协力，历时16年，终于将宗祠修成，并亲自取名"亦政堂"。另外，据道光《兴安县志》记载，龚锡绅还曾以副贡生的身份参与道光《兴安县志》的编修，并捐资8400文。

《听之草堂诗集》于道光庚戌年刻板印刷，收录古今体诗1553首，词作11阙、楹联219副。诗集不仅是宗族极其珍贵的文化遗产，也是兴安县保存完好的一部个人诗词专集。诗集中，有诸多篇什涉及诗人往游柳江及梧州的沿途景色及观感等，可为研究今柳州及梧州两地的历史人文及风景名胜提供史料素材。诗集中亦不乏涉及诗人家乡兴安及湘桂地区的诸多社会习俗及景观物产之处，对

东村老屋　黄业健／摄

龚氏宗祠　黄业健／摄

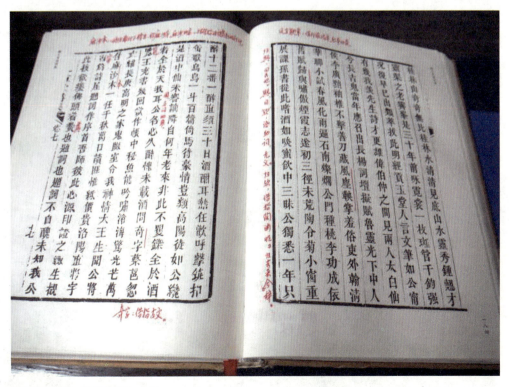

听之草堂诗集　黄业健／摄

美丽的东村 黄业健／摄

今人而言，也不乏利用价值。但由于受当时历史条件的限制，加上年代久远，这部诗集个别页面残破、模糊及漫漶，无法辨认，且无标点和注释，要想读懂这部诗集，并不容易。于是，龚大钊老人便想将《听之草堂诗集》进行注释，重新出版，使这份遗产能够长久地保存下去。

据龚大钊老人说，经过两年多的努力，目前《听之草堂诗集》校注已由他与秦昌荣、尹林三人合作完成，并将于近日付梓出版。

告别龚大钊老人，回味与东村的邂逅，我深深地感觉到，百数年来耕读传家的思想早已扎根在东村每一个村民的心中，它影响着东村建筑的选择与布局，使这个深处猫儿山脚下的"小桥、流水、人家"村居如诗如画，如酒似醇，如梦如幻，并演绎着一首首关于人与自然和谐相处的田园牧歌，从而使传统的农耕文明处处体现出一种"天人合一"的哲学理想。

印象瑶寨——瓦窑面、军田头纪行

瓦窑面村　唐筱华／摄

　　夕阳初下，水雾慢慢升起，瓦窑面瑶寨又重新披上了它神秘的面纱，安静而又平和。忙碌了一天的人们纷纷升起炉灶，炊烟袅袅间，水牛在慢慢地朝村里走来，亦幻亦真。

　　夜幕中的瑶寨如千百年来一样，结束了一天的历程，悄悄地进入了梦乡。然而，村头一户人家吊脚楼上的灯火却始终亮着，灯光下，年逾七十的邓正姣正领着一群老姊妹在飞针走线，她们正在为明天的盘王节活动做准备。因为天亮后她们就要赶往乡里，代表瓦窑面和军田头两个寨子的姊妹到华江参加第五

瑶家妇女刺绣　唐筱华／摄

瑶族反面刺绣　唐筱华／摄

届盘王节活动，而她们的任务就是现场展示瑶族反面刺绣。

盘王节，也叫"还盘王愿"，是瑶族同胞为感谢瑶家的祖先盘王，保佑大家一年里风调雨顺、喜获丰收而设的一个盛大节日。每逢农历十月十六这天，瑶民便聚集在一起，载歌载舞，纪念祖先。如今的盘王节已逐步发展为瑶民庆祝丰收的盛大集会，青年男女则借此机会以歌道情，寻觅佳偶。

相传，瑶族在历史上迁移的时候，遇到了一个大海，在大海上航行的时候，遇到了大风大浪，这个时候各船的人都许愿，祈求自己的始祖盘王，保佑自己的子孙平安过海。他们祈求以后就风平浪静了，使他们平安地到达了彼岸。此后，瑶族的子孙不忘向祖先许下的诺言，所以每三五年都要举行一次还盘王愿的活动，这就是盘王节的由来。

笔者正是在 2019 年的盘王节上认识邓正姣老人的。记得她当时曾告诉我说，她已 71 岁了，在瑶族，女孩从懂事起，就会接触、学习瑶绣。外婆传妈妈，妈妈传女儿，口口相传，瑶绣就是这样一代一代传承下来的。记得母亲还曾对她说，刺绣是瑶家妹子必须学会的一种技能，女娃不会绣花就找不到婆家。

"呼、呼、呼"随着三声震天的铳响，盛大的盘王节活动开始了。一时间，锣鼓齐鸣，欢笑声此起彼伏，这个平日里寂静的偏远山乡顿时变成了欢乐的海洋。瑶家小伙头绑戴流苏的黑色头巾，身穿立领黑布大襟衣；瑶家姑娘则换上节日的盛装，花枝招展聚集在一起，载歌载舞，纪念祖先盘王。高达数十米的巨幅盘王画像在华江民族广场徐徐升起，贡献三牲、上香请圣、祭拜盘王……整个过程庄重而喜庆，体现了瑶族同胞对盘王的感念和对美好生活的向往。

瑶族师公祭祀盘王后，是瑶族群众护送盘王巡游，草龙在阳光下舞起来，紧接着的是祈福、红色文化传承文艺演出等活动。

中午，瑶族同胞在桐子坪瑶寨摆起长桌，一场别开生面的瑶家簸箕宴在鼓乐声中拉开序幕，近 1000 群众、游客在领略了瑶家上菜仪式、斟酒仪式、开宴宴客仪式等环节后，品尝极具瑶乡风味的佳肴，共享一场文化、美食盛宴。

节日起源于劳动，起源于宗教，起源于我们每个人心中的美好愿望，瑶山

盘王节长鼓舞　华江瑶族乡政府／供图

里的传统节日，对当地的民族认同，起到了推波助澜的作用。鼓声、锣声、号声，年复一年又一年；许诺、还愿、感恩，必将代代相传。

本来还想采访一下自治区级非物质文化遗产名录项目——瑶族反面刺绣手工技艺代表性传承人邓正姣的，谁知喜庆的日子相对总是那么短暂，还没来得及回味，欢乐的一天就结束了。

再见邓正姣老人，已是2020年疫情之后的一天。

汽车在雨中沿着六峒河溯流而上，穿过一片绿油油的稻田，经过一处密匝的树林，远远就看到瓦窑面的寨门。

近年来，随着人们生活条件的改善，在中国农村越来越多的牌坊式村寨大门正受到欢迎。在村庄入口处，建造一座精美的村寨大门，并配以仿古设计和彩色绘画、多彩祥云，抑或是边角镶嵌的中国龙，都无不让人感到吉祥和如意。

邓正姣老人的家就在村头的风雨桥边上，听说我们要来，瓦窑面和军田头两个寨子的"村长"早早就在她家等着我们了。

堂屋中，邓老太与几个穿着瑶服的老姐妹正在绣着花边，见到我们自是十分的高兴。刚坐下，邓老太的女儿就从厨房端了一锅刚打好的油茶出来。"来来来，这大下雨天，湿气重，大家先喝碗油茶暖暖身子。"

端起油茶，我们就开始在邓老太的客厅中打量起来，客厅很大，应该有七八十平方，一半是吃饭、活动的地方，另一半则是瑶族刺绣的陈列室。其间，立着几个穿戴瑶服的模特，很是醒目；边上是一排排的展示柜，里面已摆放有不少瑶绣；除此之外，还有一块写有邓正姣名字的"瑶族反面刺绣非物质文化传承人"的匾额。

邓正姣老人说，自从那年被评定为瑶绣传承人后，时常就会有好多的记者和摄影师到她家采访、参观，来的人多了，她于是与老伴商量着将堂屋辟了一半出来，做成了瑶绣展示厅。

老人指着展柜中的一幅幅鲜艳的瑶绣告诉我们，瑶族传统服装上的刺绣纹饰，既是识别其族群的标记，也是解读瑶族文化的密码。其在结构与纹样方面

盘王巡游　华江瑶族乡政府／供图

均表现出了丰富、鲜明的视觉特征，并始终围绕自然崇拜和祖先崇拜以及巫术思想派生出种种有意味的刺绣图纹，这主要源于瑶族居山游耕的生活体验和对自然生活的独特感悟。多年来，她刺绣从不画底稿，只是恪守传统技艺，先依着布纹绣出一个个方格，而后在方格中绣出各种图形组合。

"我看见什么就绣什么，比如看到一条河，就绣一条河；看见一只小鸟，就把小鸟绣进去。"

可以说，瑶绣藏着瑶族人民千百年来的传说、故事、民俗和生产生活的历史，也藏着他们对美好生活的憧憬。

老人说，随着生活越来越丰富多彩，她已感到传统的刺绣图案和技巧已经远远不够用了。如今她正尝试着吸收其他民族及一些现代元素，比如绣些寓意喜庆热烈的双喜图案，穿裙子的美姑娘以及戴头巾的帅小伙……

"瓦窑面，你们村子怎么叫这个名字？"见军田头的"村长"赵秀荣坐在一旁，我禁不住问道。

"因为离这不远，过去有个烧瓦的窑，人们就将这地方说成'瓦窑那面'，久而久之村名就成了'瓦窑面'……"

赵"村长"抽了口烟接着说："其实，新中国成立前瓦窑面与军田头本是一个村子，后来军田头住不下了，姓赵和姓冯的人家才从军田头搬迁到150米外的瓦窑面上居住。如今瓦窑面村已发展至30户人家，120余口人，村人以冯、赵两姓为主，其先祖明清时期从湖南迁徙而来。"

赵"村长"还告诉我们，如今留在军田头的还有50多户，180人，也是两个姓氏，姓赵和姓盘。

说起军田头的名字，还与当年的红军有关呢。我们军田头过去是没有名字的，

盘王节巡游 钟毅／摄

141

瑶寨寨门　唐筱华／摄

瑶寨风雨桥 唐筱华／摄

准备油茶 唐筱华／摄

油茶出锅 唐筱华／摄

村里村外的人都管它叫"院子"，后来，红军在村头的一块田地中与敌人打了一仗，于是人们就将这寨子称为了"军田头"。

说话间，老蒋的保留节目——苦瓜焖鸭，已端上桌了。

主持仪式的是邓正姣的丈夫冯荣炳和军田头的"村长"赵秀荣。为表心意，我们还特意打开了从桂林带来的三花酒，孰料，瑶胞们只嗅了下，就连说："太冲了，太冲了，喝不来。"

一会儿，赵秀荣怕我们尴尬，便笑着解释道："我们平时喝的酒多是用红薯、苞谷、大米酿制，度数低，大伙将其称为'水咕冲'，其他的高度酒，我们很少喝的。"

早就知道瑶族是个能歌善唱的民族，日常生活中时刻都离不开唱歌。他们随时随地可以放声高歌，特别是酒席上常会以唱山歌的方式对客人进行劝

瑶族反面刺绣非物质文化传承人匾额 钟毅／摄

邓老太家的瑶绣展示厅 唐筱华／摄

正在刺绣的瑶乡妇女 唐筱华／摄

军田头风雨桥 唐筱华／摄

酒，酒量不好的客人常会抵挡不住。

果然，酒过一轮过后，以邓正姣为首的妇女们就端起了酒碗，用歌声向我们发起了进攻……

昨夜五更动大风，吹落桃花满地红，
桃花落地难回树，朋友难到瑶家中。
一杯酒，送上台，劝郎吃酒妹来筛，
劝郎吃了这杯酒，这回来了二回来。
二杯酒，是一双，劝郎吃酒心莫慌，
劝郎吃了这杯酒，如若有事妹来当。
三杯酒，汗淋淋，手拿花扇扇哥身，
手扯衣襟来抹汗，免得郎来拿手巾。
四杯酒，清又清，金盆倒水定时辰，
妹的时辰定到了，未成定到郎的心。
五杯酒，五金魁，竹筒量来罐子煨，
生米煮成熟米饭，六月南风不怕吹。
六杯酒，是六合，劝郎吃酒心莫多，
劝郎吃了这杯酒，就算有事奈不何。
七杯酒，进花园，手攀花树嫩妍妍，
手攀花树年年有，人老何曾转少年？
八杯酒，酒又清，开口问哥哪年庚？
郎是丙寅妹丁卯，丙寅丁卯不相生。
九杯酒，是重阳，重阳美酒桂花香，
好吃不过高粱酒，好耍不过俩成双。
十杯酒妹起身，包袱雨伞蹦哥身，
妹想送哥三十里，脚小鞋尖路难行。

敬酒　唐筱华／摄

恬静的瑶寨　钟毅／摄

　　可惜嫂子唱的是瑶话劝酒歌，我们一句都听不懂。等她们唱完后，请教赵秀荣方知。在当地，两杯寓意好事成双，四杯为四季发财，六杯是六六大顺，八杯为八富八贵，九杯为久长久远，十杯则是十全十美团圆杯。

　　这些歌起源于劳动、生活或宗教，极富民族特点，而瑶歌的魅力则正是通过这么反反复复的吟唱，将山里人纯朴的感情展现得淋漓尽致。

　　瑶族是个爱唱歌的民族，爱到"讲起唱歌心就开，夜饭没吃跑出来；衣服没穿拿着走，跘错老婆一只鞋"的程度。瑶族还是个能唱歌的民族，唱的内容丰富，形式多样，有讲述天地万物起源的创世歌，讲述民族历史的古歌，表现劳动生

瑶乡小景　唐筱华／摄

淳朴的瑶乡群众　唐筱华／摄

活的狩猎歌、农事季节歌，祭祀用的乐神歌、敬酒歌，更有让人着迷的爱情歌，结婚时的贺郎歌……

　　是啊，瑶乡的山歌是灵动的，它如山头的小草，只要给它一点空间，给它一点滋润，它就会蹭蹭地蹦出来，四处生长，山峦上、小溪边、大树下、草丛中、庄稼地里，到处都能闻到山歌的气息，它深藏着瑶家人的情感，丰润着瑶乡的日子，温暖着瑶寨的生活。

川江溯源

川江源　唐筱华／摄

在金石吃过早餐，还没容我仔细构思，老蒋就催着我们出发了，按计划，今天我们是要去探寻川江源的。

据曾在水库移民局待过的老蒋介绍，从金石到川江有条沿水库的盘山公路，虽说路难走些，但可近一二十里。

这些年，笔者在兴安走访了 11 个乡镇、上百个村庄，写了 4 本记住乡愁的书，其实这是需要具有一些流浪精神的，这种精神使人能在旅行中和大自然愈加接近，悠然享受和大自然融合之乐。去川江源的路，到处都是高山峡谷，最

川江源洞上村　唐筱华／摄

初车在半山腰盘旋前行，一路上都有塌方崩陷的地方，道路十分颠簸崎岖，道路两旁林木茂密。大多的时候，川江水库都隐藏在两边的高山之间，只是偶尔才露出神秘的倩影，像是在与我们捉迷藏……终于，汽车绕着大山连续上过几个陡坡后，视野突然变得豁然开朗起来，举目四望，一个宽阔的水面便呈现在了大家的面前：没有风的水库就像一面明亮的大镜子，头顶是白云飘浮的蓝天，四壁是连绵不断的群山，阳光折照，有如晃晃明镜，又似亭亭青荷。时而，从远处传来几声水鸟的鸣叫，让水库显得愈加幽静。风吹过，水库泛起了一层一层的涟漪，粼粼波光在水面上轻轻摇荡，湖光山色美不胜收。

"这就是川江水库。"老蒋说。

据同车的县政协蒋治全秘书长介绍：川江水库是近年来漓江上游新修的三个中型水库之一，位于兴安县溶江镇和华江乡境内，是一座以城市防洪和漓江生态环境补水为主，结合发电、灌溉等综合利用的中型水利枢纽工程。

经过两个多小时的颠簸，川江水库总算被我们甩到身后了，前方出现了一个较大的村子——洞上村到了。

漓江源 **人家**
LI JIANG YUAN REN JIA

　　洞上村是猫儿山脚下一个较大的村委，全村有 9 个自然村，有苗、瑶、汉、壮 4 个民族，370 多户，人口近 1400 人。其中漕江自然村是最靠近川江源头的一个村子。

　　接待我们的是村委主任周祖智，时值饭点，他在天井中一边剖着鱼，一边客气道："今天没啥好东西招待各位，昨晚到水库弄了几条鲶拐鱼，今天就让你们尝尝我们川江啤酒鱼的味道。"

　　"啤酒鱼不是阳朔的吗？怎么成川江的了？"

　　见我们满脸狐疑，周主任笑道："我知道啤酒鱼是阳朔的，但我敢说，它绝对没我们川江的鱼好吃。"

　　说话间，周主任已用当地出产的茶油将鱼两面煎好，接着倒入大半瓶啤酒，同时放入番茄、姜、蒜、鲜椒等配菜，以及盐、胡椒等调料，盖上锅盖……转眼间，

川江源洞上村　唐筱华／摄

打粑粑 蒋柱国 陈峰／摄

一道色香味俱佳的"川江"啤酒鱼便香喷喷地出锅了。

开餐前,周主任为了给我们讲村子的老"板路",还特地请了自己的嬢嬢过来。

据周主任介绍,他嬢嬢陈扬芳71岁了,她不仅是洞上村的活字典,更是村里的文艺名人。她自10多年前从乡妇联主席位上退休后,便回到村里组织一帮妇女成立了文艺队。如今洞上村有中老年和青年两支业余文艺队,每逢重大节庆日,如每年的重阳节、春节,两支队伍就要在村里的舞台演出一两场节目。中老年队偏向于表演传统的彩调、渔鼓、秧歌、腰鼓等节目,青年队则只跳时下流行的广场舞。

彩调,又称"调子"和"哪嗬嗨",它诞生于桂林民间,是在桂北农村民间歌舞和说唱文学基础上吸收湖南花鼓戏、江西采茶戏精华而形成的一种民间

排练 蒋柱国 陈峰 / 摄

戏曲。彩调表演形式载歌载舞，唱舞结合，调子简单明快，唱词通俗易懂，动作轻快灵活，生活气息浓郁，具有广泛的群众基础。因此，过去在桂林稍大的乡镇、村寨几乎都有群众自发组建的彩调剧团，每逢喜庆年节，都要搭台唱戏，而且一唱就是好几天。

在陈扬芳的带动下，这些年洞上村的草根文艺表演队不光在华江乡出了名，就是在兴安县甚至桂林市都已小有名气。他们自编自演的彩调《傻子卖肉》《麻妹求婚》，就曾获得过县里的大奖，洞上村还获得了自治区和市里的先进文化村表彰。如今，洞上村的不少晚生后辈都十分热爱艺术。小名"三多""四多"的歌手是陈扬芳的两个外甥，但两人却比他们嬢嬢陈扬芳的名气大多了。从外表看，两人和洞上村的普通农户没啥两样，但当两人一登上舞台，亮出嗓子时，

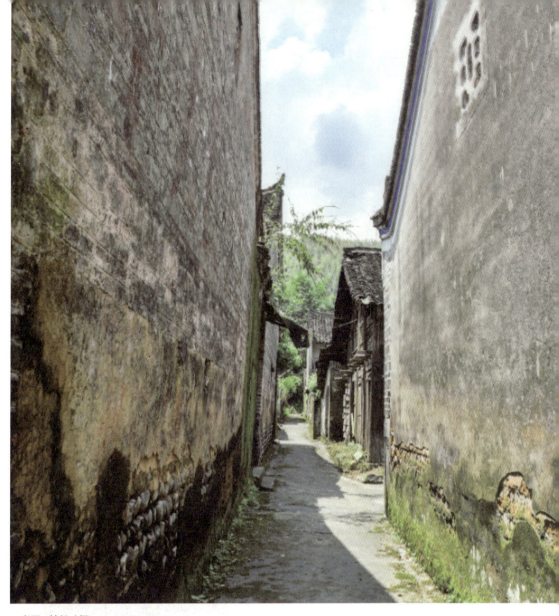

老屋 钟毅/摄

洞上村 唐筱华/摄

周围的人立马就会被他们的歌声所吸引，娴熟的演唱技巧和自信的舞台台风，让他俩充满了明星范儿。特别是一首原创的歌曲《我在猫儿山下等你》，更是受到歌迷和粉丝们的普遍欢迎。

兄弟俩成名后，陆续接到北京、广东、山东、贵州等全国各地的商演邀请。网络成名给他们的生活带来很大的改变，也让他俩找到了当明星的感觉。

然而随着时光的流逝，如今的"三多""四多"已回归现实，靠在家乡种树、搞运输为生。不过偶尔两人也会参加一下村里、乡里或县里的公益演出。

"我们周家是明嘉靖年间从湖南迁徙过来的，已在洞上住了500多年，直到解放时，我们洞上村只有一个周姓。"

几小杯"竹筒酒"下肚，陈扬芳的话匣子便打开了。提起村上旧时的"板路"，她告诉我们："从前，村子中间有个好大的周家祠堂，楣梁、柱子、窗棂、门头上全是雕梁画栋，狮子、麒麟、花鸟鱼虫样样都有，门口还有六对甲石，可惜这些珍贵的历史遗留在'文革'中都破四旧给弄没了。另外，旧时村子边上还有个香火很旺的寺庙，庙旁边有私塾、学堂……不过，这些后来也都被拆毁了……如今村里剩下的老房子，也只剩下过去地主的半间老屋了。"

花开花落，草青草黄，转眼几十个春秋逝去，洞上村早不见了飞檐翘角的古宅大院，也不见了通往山外的"钉子路"，取代它的是宽敞的水泥马路，以及一栋栋拔地而起的农家新楼。

"当年红军来过你们村吗？"

瑶乡敬酒仪式 蒋柱国 陈峰/摄

瑶乡竹筒酒 周祖智/摄

"当然来过。"周主任说。

"他们是从枫木坳翻过来的，去金石。红军到的第二天就得到情报，得知有一股桂军正从溶江司门前经滑石堰、小河打算偷袭住在洞上的红军。红军于是派了一个团，在洞上村三里外的老草岭上构筑工事阻击敌人。那一仗打得很激烈，敌人被消灭了很多，但红军损失也不少。双方一直激战至晚上，最后，红军为了尽快跟上已往金石的大部队，不得不撤出了战场。临走，红军含泪在盐里江村留下了10名重伤员，并委托村民邓启禹等人对伤员进行救护，其中8人因伤势过重先后牺牲，只有两个伤势稍轻的红军战士活了下来，其中一个叫邹日明，事后，他俩还与村民一道，将牺牲红军战士的遗体悄悄埋葬在了盐里江村边。为了使战友的坟墓不被敌人发现和破坏，邹日明还特意在墓旁建了一座土地庙作掩护，每年清明，他都会悄悄前来祭拜。解放后，盐里江村的姑娘陆志美见邹日明为人正直，且有情有义，又是失散红军，便嫁给了他，婚后育有6个儿女，邹日明于20世纪70年代初过世。"

我们又问陈扬芳，洞上村的乡亲们为啥那么喜欢唱歌演戏？她笑笑告诉我

川江源 唐筱华／摄

们：因为唱歌演戏可使人心情开朗，劳累了一天，晚上几个老姊妹聚在一起唱唱彩调，打打渔鼓，扭动下腰身，身上就会感到轻松许多，心情也会好转，更利于长寿。

洞上不少长寿老人，年轻时就是村里的文艺骨干。黄志英老人，今年90岁了，还可登台唱彩调。早两年，村里还有三个百岁老人，一男二女，都是普通农民，男的叫周瑞楚，96岁时还能挑五六十斤重的柴火走好几里路；老奶奶龚正元活到了103岁。平时，老人最大的两个爱好就是听彩调和睡觉。偶尔，老寿星临睡前还会抿上一小杯我们瑶家的'竹筒酒'，然后一觉睡到大天光。"

据说，这瑶家"竹筒酒"乃是周主任自己在竹山中生产的，他是在竹子生产初期就将40度左右的米酒注入竹节中，数月后，方可将灌有酒的竹子砍伐下来。由于酒液在竹筒中溶入了甜竹蕴藏的多种有益保健成分，竹香清纯，饮之可以舒经活血、清热去闷、健身养颜，而且口感绵柔、清香爽口，回味无穷。

川江源小憩　唐筱华／摄

川江源畔的竹林 唐筱华／摄

岁月的长河，就这样静静地在洞上村高高低低的石板台阶上流淌着，每一个屋角，每一个飞檐，都是一个传说，都有一个梦想。

听陈大姐讲完村里的故事，已是下午三四点钟，老蒋看了看时间，猛一拍大腿，这才想起我们还没去川江源呢。

川江源距洞上村7里路左右。川江是漓江的一级支流，其发源于兴安县华江瑶族乡西北、越城岭西南麓大竹山以南的第二峰。江自北向南流，经曹江、洞上，往南流至竹江口，经滑石堰、六家凸至茨塘，最后于渡船头与杨家庄之间汇入大溶江，途中有六七条溪流汇入，全长25公里。

仙人寨农庄是我们在川江源头见到的最后一户农家。这户人家属漕江自然村，其屋子边上就是哗哗流淌的川江。过农庄不远，有一电站，周主任告诉我们，平时他大多时候就在这电站上班。从电站绕过去，涉过一条小溪，过一道土坡，就是川江源峡谷了。

进入峡谷，首先映入眼帘的是一片绿色的世界，两边的峭壁巉岩上，长满了乔木、灌木和藤蔓，从山谷一直长到山顶。慢慢的古老的乳白色雾霭，从峡谷中一团一团地溢出，缓缓地漫上山坡，散成一片轻柔的薄纱，飘飘忽忽笼罩住整个峡谷。那巨大的麻石，雪白的浪花，错落有致的近峦，清丽淡雅的远山，犹如一幅泼墨的山水画，横亘于天地间，雄浑而壮美。

从川江源返回，已是掌灯时分。吃罢晚饭，坐在周主任的木头老屋，袅袅的茶香中，耳畔传来的是古老的传说、动人的往事；村头咿呀的彩调声亦不时传来，铿锵的锣鼓声像一张无形的请柬，穿透薄雾，传向村子的每个角落……

此刻，村子里的人们早已放下手中的活计，开始三三两两，趿着拖鞋，拿着蒲扇，从四周慢慢踱到村头的戏台……

彩调宛转的腔调，质朴灵动的舞姿，让整个古村都变得鲜活生动起来。演唱的依然是先人的教诲以及做人做事的道理。

和山睦水，山水才会永远相伴；守望家园，福泽才会绵延久远。洞上村人守住了青山，也守住了生活，他们深信，红火的日子将会亘古绵长。

金石的石头会唱歌

金石的清晨　唐筱华／摄

在氤氲的水汽里，伴随着小溶江清风和微波一起醒来的是永安街的集市。永安街的早晨是宁静的，亦是热闹的，老屋中缓缓走出的老人，青石板路上背着书包相互追逐的孩子，沿街摆放的形形色色、琳琅满目的各类物品，以及不时传来的吆喝声⋯⋯

这就是我在金石两天生活里最鲜活的场景，而我，正想要把这一切拍摄成一部时下流行的抖音。

2020年新冠疫情过后，为了完成兴安政协的命题作文，我又一次来到了金石，而这已是本人的第五次进金石了。

依旧是一条布满巨大卵石的小溪，依旧是一团虚无缥缈的山岚，依旧是一

阵淅淅沥沥的小雨，依旧是一缕时有时无的稻花香……

记得多年前，有部门曾举办了一次桂林与兴安文学青年大联欢的活动，其目的地便是兴安的金石乡。那是笔者第一次到金石，亦是第一次结交了桂林及兴安的诸多文友，更是第一次看到那条遍布大个大个鹅卵石的溪流。

这条小溪就横亘在快到中洞街的路上。它应该是小溶江的一条支流，溪不宽，也就 5 米左右，溪两岸及河道中间，长有很多的柳树，婆娑的枝叶将小溪遮得很是阴森。溪里的水不多，但很清澈，清澈得连里面有几条小鱼都一目了然。

那次聚会于我的印象并不是很深，因为当年的文学青年不是吟咏些从舒婷那依样画葫芦学来的诗文，便是扯了喉嗓，与当地的老乡们对些不咸不淡的"山歌"。反倒是那条布满大卵石的溪流，以及一个叫永安街的地方，却深深烙在了我的脑海中。特别是那条布满大卵石的溪水，它后来竟常常出现在我的梦境里，并频繁地出现在我的作品中，而更多时候，它甚或已化作了我创作路上一个象征性的符号。

我们要去的岩口村，距中洞街约莫十来公里。车过中洞，沿清秀的小溶江前行，眼前豁然开朗，但见青山碧水、田园阡陌、绿树人家、市井熙攘……

路的左边是小溶江，江的河床很浅，也很平，但并不宽，因为河床几乎都被柳树占据了。这是一种生命力很强的树，其种子随河水飘来，搁在哪就在哪生根发芽。而且它们普遍都长得苗壮茂盛，有的直直的树干，树冠如张着的大伞；有的则柳丝低垂，宛如少女的长发，微风中缓缓地将长发般的柳枝没入水中，明亮的河面倒映出她们的倩影，像是一群亭亭玉立的少女正在河边静静地梳洗秀发……

　　路右侧是一片宽阔的平原，放眼望去全是绿幽幽的稻田，眼下正是齐穗扬花季节，阵阵的稻花香扑面而来，那股沁人心脾的味儿，竟一直要钻到人的五脏六腑中去。

　　据同车的老唐介绍：在绵亘数百里的越城岭，有两座著名的大山，一座是猫儿山，还有一座叫戴云山。在戴云山下有条河叫小溶江，河沿山势走向由北往南而流。沿河两岸居住着壮、汉、瑶、苗4个民族，从秦朝到现在，他们在小溶江两岸挖山种树，开地耕田，繁衍生息，于是便形成了今天的金石。当年，

小溶江　溶江镇政府金石办事处/供图

美丽的金石　溶江镇政府金石办事处／供图

红军跋山涉水就是经这里过龙胜去贵州的。

金石北与龙胜、资源接壤，西南与灵川相邻，总面积219平方公里。明清时称融江峒，包括今天龙胜的江底、金坑，资源的车田、浔源，共44个行政村；民国时期，车田、浔源划归资源；解放初，政府在此设两金区，管辖金坑和金石，1958年，金坑划归龙胜；2005年金石并入溶江镇。

不一会儿，老唐又指着右边的一片竹林告诉我们，这一带就是原来的民国时期的"四县联合办事处"所在地，过去还有栋漂亮的八角楼房呢，可惜后来拆掉了。

据我所知，但凡地名中带"金"字的地方，多多少少都会与金子有些关联。如龙胜的金坑，当年我们与央视拍《龙脊》纪录片时，就曾拍到片中小主人翁在河中掏到一小坨金子的镜头。按说，金石也应该是个藏有宝贝的地方。

还别说，1999年6月，一位农民在金石黄泥桐上山采草药时，就意外地发现一处面积约30公顷的原始铁杉林，后经林业专家实地考察，确认此树为国家一级保护植物的铁杉。此处铁杉林位于"华南第一峰"的猫儿山南麓，海拔高度在1200～1400米之间。这里气候温和，雨量充沛，交通闭塞，人迹罕至。更奇特的是，在这片原始铁杉林中，最大的铁杉直径达1米，高达40多米，最小的则是刚刚萌芽的铁杉树幼苗，这也是第一次在自然界中发现世代同生共长的铁杉林群落。

在老唐的陪同下，不一会儿我们就来到了戴云山

出水岩 唐筱华／摄

下的岩口村。岩口村因小溶江从村后的一石山穿出而得名。山虽不甚高，但气势雄伟，怪石嶙峋，山上青枝藤蔓破岩而生，郁郁葱葱，生气盎然。其上有一洞，名祖师岩，洞分上、中、下三层，最下一层为水岩，小溶江之水便是从水岩涌出。

记得第一次到金石时，笔者在几个好奇者的鼓动下，曾钻过祖师岩。刚进去时，还觉新奇好看，举目所见，皆为琳琅满目的石钟乳，它们有的像瓜果，有的如雄狮、如宝塔、如罗汉……但后来就不对劲了，因为我们唯一的火把不幸忽然熄灭了。那年头还没手机、呼机，就连手电筒也属稀罕之物，更要命的是，大家连手电筒都没带。众人就这样在黢黑的山洞中瞎钻，也不知过了多久，大伙才在向导的带领下，狼狈地连滚带爬逃了出来。

岩口村的木头房子大多还保持原来的模样，不同的是村中的道路都硬化了，变成了水泥路。各家房前屋后也拾掇得十分干净整洁，有的还建起了小花园。

正值涨水季节，水岩涌出的水很大，也很浑浊。老唐告诉我们："其实水岩并不是小溶江的真正源头，因为小溶江真正的源头是在七八里外的罗江峡谷。"

小溶江作为漓江的一级支流，发源于资源县两水乡塘洞村南、越城岭西南麓、戴云山东南面山坳中。其水自北向南流经白竹江，折向西流。至双江口前1公里，入兴安县境，经罗江至两渡桥，纳干河之水，此后折向南流。至观里，有能江、大乌石江先后从西、东两边汇入。南流至中洞又有松江、粟家江先后从东西两方汇入。再南流，东有杨柳江自座石岩汇入。至大碧江口，西有大碧江，东有古楼江分别汇入。又南流，有从西边来的小黄江在塔边汇入，松江在松江口汇入。又南流至白鱼峰入灵川县境，经小河竹至山门口重入兴安县境，进入开阔地带，经田洞至大埠头对岸汇入漓江。

罗江峡谷距岩口村不远，驱车10来分钟就到了。峡谷呈东西走向，两岸奇峰兀立，怪石嶙峋，植被密布，十分惊险。谷中布满大大小小的花岗岩，有圆的、方的、亦有奇形八怪的，流水就在这乱石阵中七弯八拐，前仆后继地将先前的浪花狠狠地摔在巨石上，碎成一堆散珠碎玉，并发出巨大的声响。

峡谷的入口处有罗江电站，站在电站的位置往上看，发现罗江峡谷的落差确实很大，不过几十米远的距离，落差竟有七八米之多。

据守电站的人介绍：正是因了罗江峡谷落差大的缘故，从他们电站往上，

出水岩民居　唐筱华／摄

漓江源 **人家**
LI JIANG YUAN REN JIA

小溶江源头　唐筱华／摄

还建有白岩、江源两个电站，且皆为全州人所建。同时，三个电站的装机容量皆为 630 千瓦。他还告诉我们：如果想去资源县，可驱车沿罗江峡谷往上一直走，虽然是四级盘山公路，但过去一直有班车通资源的两水乡。只是随着桂林至资源高速公路的开通，如今这条路除了偶尔有几个摄影发烧友光顾外，大多时候已荒废了。

从罗江峡谷转回永安街已是傍晚，本想走访几户人家，无奈新文村邓书记的电话却打了过来，邀我们去其家吃饭。盛情难却，我们只好随镇文化站的老唐在街上转了一圈，便匆匆而去。

虽是走马观花，但笔者发现，永安街的变化还是很大的，除了原金石乡政府的办公楼和乡供销社一长排平房还在之外，沿街的商铺、骑楼都拆没了，取而代之则是一栋栋雨后春笋似的新楼。

金石作为兴安、资源、灵川、龙胜四县交界之地，历来都是当权者重点监控的对象。解放初期，人民政府曾在永安街设立"两金区"，但当时金石一带土匪活动十分猖獗，甚至还发生过土匪头目洗白身份打入政府内部当上副区长的事。1950 年 1 月 17 日，以金石大地主曾鼎山和混进两金区人民政府任第二副区长的潘卓元等为首的地主、土匪势力，操纵指使佑安村公所向区长陆敏谎报群众拖欠、抗交支前物资，陆敏立即带领几位区干部前往佑安处置，谁知走到青山湾苏家桥时，就遭到早有预谋的土匪伏击，陆敏中弹牺牲。

历经数百年的时光，曾经因地处四县交界而兴盛的金石，虽然褪去了往日的辉煌和喧闹，却留给今天的人们一个个发人深思的故事。

漫步在永安街头，青山环绕，碧波摇曳，房屋整齐地排列，一片宁静祥和的景象。当铅华洗尽，波澜壮阔的历史似乎已经走远，平和的生活似已将其取代。然而，不论历史沧桑如何变化，但总有一些钻石般恒久远的人和事，却无论世事如何变迁，将永远被人铭记。

原两金区政府　唐筱华／摄

永安街　唐筱华／摄

永安街　唐筱华／摄

一个红军经过的地方——文甲洞

文甲洞红军堂 钟毅／摄

> 绿遍山原白满川，
>
> 子规声里雨如烟。
>
> 乡村四月闲人少，
>
> 采了桑叶又插田。

又是一年农忙季，我们一行人再次来到了兴安溶江镇的文甲洞村。

汽车沿着小溶江水库边上的Ｓ形盘山公路，蜿蜒曲折地由山脚盘旋而上，远看高峡出平湖的小溶江水库：明亮透澈的湖水，宽阔弯曲而幽静的湖面，湖水四周群峰叠起，古木参天，葱翠青笼，犹如一面巨大的镜子。加上湖上诸多婀娜多姿的岛屿，使整个湖区犹如仙境瑶池，让人看了赏心悦目，心旷神怡。

小溶江水库位于漓江上游兴安县溶江镇和灵川县三街境内，是一座以城市防洪和漓江生态环境补水为主、结合发电等综合利用的大型水利枢纽工程，设

春到小溶江 唐筱华／摄

走进文甲洞　唐筱华／摄

计库容 1.63 亿立方米，正常蓄水水面达 6.6 平方公里。它的规模和库容虽不及五里峡、斧子口等水库，但其坝址环境及周边风光却是天下奇美。

车过小溶江上的新文桥，继续往山里去，不远就是文甲洞村了。不想，快到村口，我们的采访车却被溶江河观里段的一处滚水坝挡住了去路。陪同我们的新文村邓文德书记见状，只好打电话叫了辆底盘高的柳微车来接我们。

等待期间，邓书记便在河边给我们讲起了文甲洞村的"板路"："文甲洞村因旧时村头有两组（四块）夹石而得名，至于那夹石立于何朝、何代，又为谁而立，已不得而知。另外，关于文甲洞村名的来历还有一说，讲的是村子四周被群山环抱，人们只有上了山坳才能看到寨子里的木楼、田洞，因此称为"文甲洞"。

邓书记指着前面的山告诉我们：那右边的山叫猴子山，高 1300 余米，悬崖峭壁，据说除了猴子，至今还未有人上去过。寨子后头的山叫竹林界，也有1300多米高，其上竹林茂密，郁郁葱葱，是当年红军长征时红三军团翻越的第一座大山，山那边就是龙胜。为通往湖南城步、南山牧场、贵州的古道。边上这座叫砧板界，界上有一落差达100余米的瀑布，春夏之季正是瀑布水最大的时候，有银河落九天之势，十分壮观好看。

竹林界旁的山叫大山磊，竹林界与大山磊之间就是大江峡谷。据邓书记说，大江峡谷有10华里，分6个景区，景色更是美丽非凡。

记得笔者第一次到文甲洞还是20多年前，是应挚友桂林市群众艺术馆的周植老先生之邀，前去帮他的家乡拍部电视专题片，车在崎岖的四级路上颠簸了4个小时才到。不过沿途的景色却是十分好看，左边是潺潺的小溶江，右边是葱郁的大山。当时文甲洞村里还有很多的木楼，那些木楼在松林、灌木林、竹子

文甲洞远眺 唐筱华／摄

林中错落有致一路摆开，成一好看的弧形。寨子中间有条清澈的小溪蜿蜒流过，小溪中游鱼可数，溪上有两座古拙的石桥，俨然一副"小桥流水人家"的模样。文甲洞当时有 40 户人家，300 余人。村人大多姓周，为周敦颐后人，其先祖于明末清初从湖南东安迁徙而来。

文甲洞的周家族人与所有周敦颐的后代一样，每到一处开枝散叶。他们照例都要在村中修建一处祠堂，只是有的雕栏画栋，有的简单朴实而已。如灵川江头村的周家祠堂就修得十分气派，而兴安大冲口村的周氏祠堂就相对简单些。但总的来说，周氏族人对供奉祖宗牌位的宗祠历来都是十分看重的，因为他们觉得，祠堂不仅仅是供奉祖宗、认祖归宗的地方，更是后人对家族文化发自内心的认同与归属。数百年间，尽管周氏族人迁徙到了很多的地方，但一代代的周姓弟子，却始终遵循先祖周敦颐"真诚、积德、行善、奉献"以及"出淤泥

文甲洞新貌　唐筱华／摄

文甲洞红军堂　唐筱华／摄

红军烈士墓　唐筱华／摄

而不染"的祖训做人行事。同时，周家还大力兴办书院、私塾，聘请名师，苦读经书，终使家族兴旺，人才辈出。

　　文甲洞村的周氏宗祠在村子南头，为村中最大的公共建筑，有前后两进，边房一间，建筑面积达 800 平方米左右。1934 年 12 月 4 日，中央红军第一纵队翻越老山界，彭德怀率领的红三军团则由千家寺进至金石文甲洞一带，休整了

彭德怀曾经居住过的农家小屋　唐筱华／摄

四天三夜，以伺机而动。当时，红军的军团指挥所就设在村里的周氏祠堂。

这期间，红军还在文甲洞附近的枫林界、大风坳等地与国民党反动派进行了激烈战斗，很多受伤的红军战士被送往文甲洞进行救治，一些重伤员因医治无效牺牲，当地群众协助红军部队将牺牲的红军战士安葬于村旁山坡上，形成红军墓群，并世代守护。

12月6日，红三军团告别文甲洞，翻越竹林界进入龙胜，转湖南通道过贵州。中华人民共和国成立后，周氏祠堂先是改作村小学，后更名为"红军堂"。只可惜，祠堂的边房已倒塌。如今的"红军堂"占地面积只余484平方米。作为红军当年的主要活动场所，2006年"红军堂"被国务院列为全国重点文物保护单位。"红军堂"内尚存有红军标语两条，分别写着"国民党出卖东三省和华北""红军是民众抗日的主力军"，落款均为"红全政"。堂内还陈列有红三军团当年用过的石水缸、石磨、脚踏碓和桌椅、板凳、餐具等，墙壁上还张挂着彭德怀的一幅肖像。

红三军团作为"中央纵队"的护卫左翼部队，所到之处，除打开地主的粮仓救济贫困群众外，还积极宣传抗日，让民众了解到，中国共产党领导下的军队是人民的军队，是为广大人民谋利益的，是抗日的真正力量。

红军堂 唐筱华／摄

当年文甲洞的乡亲们对红军有所了解后，都主动到祠堂给红军送柴、送米，帮助磨谷子、担水、烧火、做豆腐、完完全全与红军打成了一片。当时，彭大将军就住在村子中间松林下的木楼内。石拱桥上，还有他与村中的乡亲们促膝谈心、问寒问暖的身影。新中国成立后，当年先遣连的刘连长还特地从北京来金石文甲洞看望房东盘四爷，文甲洞的老乡们这才知道，原来当年那位在桥上跟大伙聊天的红军大官，便是彭老总。

作为红军长征路线中的一个重要村庄，文甲洞至今还留存有许多与红军有关的东西，如红军标语、红军堂、红军井、红军桥、红军路、红军巷、红军烈士墓等等，并已成为后人研究、宣传红军长征文化的重要素材。

文甲洞除了留下不少红军遗迹之外，值得一提的还有乡人周友余 1941 年在村中创办的中华苏维埃金石合作社。

说起文甲洞的"中华苏维埃金石合作社"，就不得不提到当年村中的一个怪才、先行者周友余。红军长征经过文甲洞之后，周友余不知从何处弄来了一本名叫《苏俄观察记》的书，经熟读钻研，他居然也按书上写的，毅然回到乡里，办起了中华苏维埃金石合作社。并照书上的说法，提出了"人人有工做，个个有饭吃"的主张。并撰写对联一副："研维新事业，做合作功夫"，横额是："先觉后觉"。

合作社对面的墙上还有一幅每字一尺半见方的巨幅红军标语："当红军是革命唯一的出路"。数十年来，这幅特别醒目的标语就如一盏明灯，指引着文甲洞和金石乡的后代们一步步走向革命，走向光明。

当年周友余的这一行动，自然触动了国民党反动派的神经，他于 1943 年秋被兴安县警察局抓去，要他交代受何人指使。他坚贞不屈，最后被敌人折磨牺牲于狱中，年仅 35 岁。新中国成立后，乡亲们在其墓碑上刻下了"殁于敌人之手，活在人们心中"的题词，用以怀念他们的乡贤。

如今，当年周友余所憧憬的"人人有工做，个个有饭吃"的美好社会早已成为了现实。文甲洞的乡亲们也靠种植东方神果"罗汉果"走上了致富道路，家家户户都盖起了大栋大栋的高楼，一些人家还买了汽车，过上了当年红军给他们描述过的幸福生活。

岁月的长河，就这样静静地在寨子里一条条钉子路上流淌，每一个屋角，每一个飞檐，每一个水井，每一条小溪，都有一个传说，都有一个梦想。世世代代的文甲洞人就这样生活在一个个故事中。因为在他们的内心深处，永远都有一个属于他们的精神家园。

文甲洞村景　唐筱华/摄

后记

毫不夸张，猫儿山和漓江源绝对是天下最美丽的地方之一。

惊艳、绝色、神奇、伟岸、风情万种、美丽绝伦……，即使这些极致的言语，也难以形容初见猫儿山和漓江源时那种震撼的感觉。

首先是一见钟情，然后就是一阵忐忑。

钟情是因它的美丽，而忐忑却因它委实太难刻画，太难描写了。从《桂北老家》《灵渠人家》《湘江源人家》直至《漓江源人家》，这些年本人已走过了兴安许多的山山水水，也见识了许多的村落人家，而且四年写四本书，这不能不说是件很烧脑的活，但为了完成兴安政协的命题作文，为了君子一言，笔者又不得不焚膏继晷，苦耕不辍。但每每感到吃力焦虑、才思枯竭之时，夜不能寐则是其必然。

特别是采写这本《漓江源人家》时，由于受新冠疫情的影响，直到"五一"过后，我们才开始到乡村走动，初到山里，不少疫情检测站都还没拆除，不过这也给我们的采访工作提供了很大便利，因为要采访的人大都还在村里。

山里人家是豪爽的，更是热情好客的。从气势磅礴的猫儿山，到风情万种的漓江源；从潘家寨的油茶、糍粑，到梁家寨的土鸡、"瘦身鱼"；从洞上村的竹筒酒，到瓦窑面、军田头的"土茅台"、敬酒歌……世代聚居于此的壮、汉、苗、瑶等民族，恰似猫儿山上姹紫嫣红的杜鹃，摇曳着万般风情……让我们一次又一次沉醉，一次又一次不知今昔是何年……

好在《漓江源人家》今天终于如期与大家见面了。然而，欣慰之余，笔者却仍有许多的遗憾。比如说在漓江源头，我们就还有许多美丽的村子没去过。例如华江锐炜村的华江街，这里曾经是华江乡政府所在地，是湖南湘西至桂林的交通要道。据说，旧时的华江街有繁华的街道，有卵石铺就的"钉子路"，及十八道拱门。当年华江街的建筑也很有特色，街头有"广福王庙"；街中有雕龙画凤，气势辉煌的"武圣宫"；街尾有"龙王庙"。另外，华江街还是漓江源头一带的物流中心，村边有从越城岭流下的华江河，盐船可以直达下街的码头；街道人家一楼皆为店铺，有米铺、杂货铺、伙铺（客栈），生意兴隆，热闹非凡，有"小南京"之称……

可惜先是因为疫情的原因，后又因书稿截稿日期的关系，锐炜村这篇文章便这么一直搁置了下来，以至如今只能在后记中略提一二，聊表歉意罢了。

在本书的创作过程中，我们还得到不少专家学者的帮助和指导，也得到了华江、金石百姓的支持和配合。在此，我们要特别感谢韦辉、彭书华、秦昌荣、赵时斌、唐中立、李国权、周凌峰、刘政雄、李叙明等同志对书稿的指导和修改；感谢唐筱华、唐际华、黄业键、盛久永、潘奇全，以及猫儿山原生态旅游有限公司、华江瑶族乡政府、溶江镇金石办事处、龙潭江旅游公司等单位和同志提供的宝贵资料和照片；也要感谢华江瑶族乡、溶江镇金石办事处的领导、村干部、村民对我们采访工作的热情支持和帮助。另外，还要特别感谢我们采访调研团队的蒋治全、蒋柱国、唐筱华、唐际华、彭国斌、杨宗盛、韦小宜、丘富、龙媛等同志，正是因为有了他们支持和配合，才使我们这本书能够在如此短的时间里与广大读者见面。然而，由于猫儿山、漓江源美景俯拾皆是，乡村风土传说各有说道，加上参加创作的同志限于水平，鲁鱼亥豕之误及遗漏之处在所难免，尚希读者鉴谅，并校正之。

作者 钟毅

2020 年 11 月